你不欠任何人

放下羞愧感與完美主義的十二個練習與人生故事

卡羅琳・嘉納・麥格勞
Caroline Garnet McGraw

戴榕儀 譯

You Don't Owe Anyone

Free Yourself from the Weight of Expectations

謝謝譚米始終對我有信心
謝謝布魯克讓我感受到希望
謝謝強納森成為我的摯愛

目次 CONTENTS

前言——已讀不回的勇氣

你有沒有過這種經驗：沒回覆當天收到的每一則訊息，因而責怪自己？

我有，我知道那是什麼感覺：一方面又累又忙不過來，但另一方面又覺得，那麼多電子郵件、簡訊和電話！不回怎麼可以！

誠實問問自己內心的感受，應該不難分辨出哪些訊息真值得你費心回覆。雖然心知肚明，大家卻經常都做不到，因為這和社會教給我們的禮貌守則不符：

- 有人傳來訊息時，就一定要回。
- 有人開口時，就一定要搭話。
- 有人張開雙手時，就一定要接受擁抱。

或許你很累、很不自在，也或者就只是單純不想，但沒能遵守上述這些規則時，還是難免會覺得自己人不夠好、不夠有禮貌，對吧？

但事實上，你可以不必這麼想。

其實，除了「要是他們生我的氣怎麼辦」之外，你還有更重要的問題得問自己。像是：

- 我為了塑造自己在別人眼中的形象，浪費了多少時間？
- 不懂得拒絕讓我遭受過什麼危險？
- 我為了當濫好人，犧牲過什麼？

我知道這些問題並不容易回答。多年前，我也曾直截了當地問過自己。

十年前，我認識的一名男性曾在酒醉時對我示好（我後來再也沒跟他說過話）。當時，他沒來由地在Facebook傳了一些訊息，像是「我很想妳」、「好想妳」、「我真的很想妳」等等。

各位一看就會覺得，這種訊息根本不需要回，但當時的我還看不清。（當局者迷，旁觀者清，不知道大家有沒有過這種感覺？）

我一想到要把訊息放著不回，就覺得不安又罪惡。要是我傷了他的心怎麼辦？我是不是不夠有同理心？應該要禮貌地回覆嗎？還是聽從直覺就好？

最後，我問了我先生強納森的意見，而他很堅定地回答：「誰說妳一定要回應？妳又不欠任何人。」

聽到這句話以後，我心中的結似乎突然解開了。在先前的三十年間，我一直被錯誤的觀念束縛，但在那一刻，我才發現其實可以讓自己擺脫枷鎖。突然間，答案變得再清楚不過了：我根本不需要回那些訊息，不需要因為有個男子說他想我而糾結，也不需要為了避免他尷尬而忽略自己不舒服的感受。他可以想我，但我也必須開始想想自己的需求了——誰說我一定要回應？我又不欠他或任何人，何必搞得好像我有債得還似的？

我啞口無言，只勉強擠出一句話來問強納森：「哇……我可以引用你的那句回答嗎？」

他答應後，我以這個核心概念為主題繼續延伸，發表了一篇文章，提到許多女性會覺得，有人示好時自己非得回應不可。另外我也提到，眾人習以為常地認為，「做好人」就是要全年無休地隨時待命。但其實，如果我們不好好保護自己的時間，反倒會越來越沒有心力去當個善良的人。

這個主題引發了廣大的迴響。〈誰說你一定要回應？你又不欠任何人〉（You Don't Owe Anyone and Interaction）成了《哈芬頓郵報》的熱門文章，也讓我登上TEDx演講，內容還獲得《哈佛商業評論》引用，顯然是說中了許多人的難處。

從小就開始委屈自己的你

親愛的讀者，你的難題是從何時開始出現的呢？也許在人生的某個時期，你開始認為自己虧欠全世界，並背負起「當好人」的責任，把真實的自己給藏起來。但又在某個時刻，你發現這麼做實在行不通，還會害你走上不想走的路。

人渴望追求完美，卻同時又感到羞恥，這可能是因為受到童年經驗所影響。人往往會記得某些關鍵的時刻：在那個當下，我們做出了重大決定，確立了自己在這世界上的定位。

我的一個關鍵時刻是發生在五歲時。那年，我和媽媽及三歲的弟弟威利一起去了診治中心。他們倆進到一間辦公室，而我則在等候區玩遊樂設施。陽光從窗外滲入，現場感覺一片平靜。

但媽開門走出來的那一刻，一切都變了。她跪下來緊緊抱住我，一副近乎絕望的模樣，臉上有淚，頭髮也因此沾濕了。我不知道她為什麼難過，但很清楚當下她需要我的安慰。

後來我才知道，那間診治機構名叫「伊甸自閉服務中心」（Eden Autism Services）；威利之所以從不直視我的雙眼，是受困於「待分類廣泛性發展障礙」（Pervasive Developmental Disorder, Not Otherwise Specified）。雖然對自閉症完全不瞭解，但我知道威利是愛我的，因為每次看電視時，他都會坐在我旁邊，也會讓我摟著他；他從不會讓別人抱那麼久。

一九九〇年時，大眾對於自閉症的瞭解非常有限，我們家就好像航入沒人到過的海域。去過診治中心後的某天，父母要我坐下。他們告訴我，威利的心智和一般人不太一樣，所以他做事的方法也比較特別。但他們請我不必擔心，說他會一切平安，我們全家也是。只不過，我要有耐心和愛心，當個乖女兒、當個好姊姊。

「妳做得到嗎？」他們問我：「妳可以當個乖孩子嗎？」

「可以，」我回答：「我會乖乖的。」

那句話就像是嚴正的誓言。其實，我說出口後鬆了一口氣，因為我有了明確的角色，知道該怎麼做才能幫到家人。威利和其他人不一樣，沒關係，只要我當個乖孩子，大家就能平安無事。在我心裡，這成了一道過度簡化的公式：不一樣的弟弟，加上乖巧的姊姊，就能得出安穩的家庭。從那時起，「當乖小孩」就成了我求取安全感的方式，實踐起來當然不輕鬆，但至少能讓我覺得一切都在掌控中；「學會乖巧」似乎不算是太大的代價。

功能過度的孩子

你會努力維持一切都沒問題的表象，用完美主義隱藏真實的自己嗎？你會想盡一切辦法，就為了不讓他人失望嗎？你會把「乖孩子」視為自己最重要的身分嗎？完成這些任務你有什麼感覺？

如果你知道自己的感覺，就肯定也明白，這樣的行為模式會帶來豐厚的獎賞。你從年幼時就「功能過度」（overfunction），表現得像個大人，而真正的大人就把更多的責任加諸在你身上。你會得到獎賞、表揚、讚美和提拔。大家會說，你是他們眼中的模範生，而你則會微笑點頭，好像肩上的千斤重擔根本沒什麼似的。**當然好，沒問題！一切都在我掌控之中！**

也或許你不愛出風頭，習慣以其他方式隱藏自我。或許你逃避的方式不是追求完美，而是討好別人；或許你在很久以前就告訴自己：要想安安全全地活著，就必須當每個人最好的朋友，當他們在任何時刻都可以依靠的人。所以，現在的你即使心裡不願意，嘴上也仍會答應，而且怎麼也改不了。

無論你偏好哪一種保護自己的方法，你內在與外在間的連結其實都已斷裂：你看起來似乎堅強、勇敢、善良又熱於助人，但內心深處的想法卻全然不同，讓你感到混亂又難以接受。

不過，在各位繼續讀下去以前，我必須先說明一下這本書的重點。

我知道大家之所以會選個人成長書籍來看，可能都是因為想在掙扎中找到意義，在問題中找到答案。

當然啦，我很希望能幫到各位，但這本書並不是走傳統路線。

我不會提供一系列的守則或祕技，也不會聲稱我的方法就是個人成長的唯一或最佳途徑。「全然活出自我」是人一輩子的功課，在這條長路上，這本書只是一座路標，如果書中有些你無法打從心底認同的內容，請直接忽略、不要糾結，參考適合你的就好，畢竟你才是最瞭解自己的人！

我要和各位分享的不是答案，而是更有說服力的故事。

坦白說，我自己一路走來，幫助我最多的就是許許多多的故事，所以我認為故事比較能貼近人心。我珍藏並一再重讀的那些書裡，並沒有一大堆條列式清單，只有作者鼓起勇氣分享的實際經歷。或許當中有些情節是虛構的，但那並不重要，因為我知道作者真實地訴說出人類共同有的一些體會，而我能感同身受。

英國小說家菲力普・普曼（Philip Pullman）就是這樣的作者，他有段話說得很好：

不必列出是與非，也不需要用表格定義該做與不該做的事。我們需要的是書和時間，以及安靜的空間。教條式的規定很容易被忘記，但以「從前從前……」開頭的那些故事，卻能長久留存。

我分享的都是真實經歷，不過，我希望這本書能發揮「從前從前……」那種故事的功效。

所以我們就開始吧。「從前，我總是寧願相信陌生人，反而無法信任自己……」

你有過這樣的經驗嗎？雖然內心深處覺得不對，卻仍對權威型人物百依百順，無論對方說你該做什麼，你都全盤照做？這樣的選擇是否曾讓你陷入危險呢？

那場奪命的車禍……

在我人生第一次發生車禍前，並不知道安全氣囊彈出來時會釋出粉塵般的氣體，而且聞起來像化學物質。那起事故發生後，我一睜開眼，就是看到那氣體形成的陣陣煙霧。我那台克萊斯勒Concorde車廂裡的氛圍因而顯得很詭異，不像是在人世；有那麼一瞬間，我還以為自己死了。

後來我才發覺，四周一片迷濛是因為安全氣囊釋出氣體，而不是天堂的雲霧，也明白自己犯了大錯。車禍會發生，全都是我的問題。

「天啊，我怎麼會蠢到在視線被擋住的情況下轉彎呢？」我在心中自問。穿越路口時，心裡明明很猶豫，但一看到陌生人招手示意，我就開出去了？我怎麼會相信別人，而不信任自己？

當時高二的我是個模範生，總會卯足全力地確保自己絕不出錯，結果卻捅了「車禍」這麼大的婁子。當時我開車要去上學，原本綠燈時要左轉，但對向卻開來一台很大的SUV。它擋住了我的視線，我看不到前方的車流，所以遲疑了一下，但一旁的駕駛很有自信地向我招手，要我往前開。於是我不顧心中的猶豫，轉動了方向盤，不料對向車道卻衝出一台廂型車，全速穿過十字路口。

「我怎麼會蠢到在視線被擋住的情況下轉彎呢？」這問題是很重要，但當下不是深入探究的好時機，畢竟我還坐在一台扭曲變形的車裡，它就在車來人往的路中央。在我控制住顫抖的雙腳後，才能解開安全帶，從車裡跳了出來。

車是壞了，但我沒有明顯受傷，於是走到路邊一座教堂前。我稍後得知，在我撞到的那台廂型車上，幾名乘客有特殊的醫療需求。我雙腿瞬間軟了，癱倒在人行道旁大哭。那些乘客的驚恐表情令我羞愧萬分，我甚至不敢直視脆弱的他們。我很慶幸沒人受傷，但知道是自己的愚蠢害他們身陷險境。我的呼吸越來越急促，並開始換氣過度。我從來沒有在公開場合如此崩潰；我通常會躲進家中暗黑的衣帽間，把恐慌留給自己。

警車停在我身旁時，我心想：「天啊，這下我非得告訴爸媽不可了，他們一定會很失望。威利已經夠令人擔心了，我為什麼還要製造麻煩？」

這時我聽見一個輕柔的聲音緩緩地說：「我可以坐你旁邊嗎？」

我抬起頭，看見一位年長的女性走來。她身穿教會的衣服，眼神慈祥，舉止很溫婉。我點點頭，讓她跟我一起坐在路緣。

「我正要去做彌撒，剛好看到車禍，妳還好嗎？」

我說不出話來。

「啊，我實在不該這麼問的。親愛的，妳一定嚇壞了吧。」

我點點頭，抹掉臉上的鼻涕和眼淚。

「我可以陪妳幾分鐘，替妳禱告嗎？」她問。

「好。」我哽咽地回答。

於是，她摟著我開始禱告。她說了些什麼，我聽得很模糊，一個小時過後，我一個字都沒辦法重複，但卻深深覺得受到了撫慰。

她一直待在我身旁，在我打電話回家時，陪我坐在路邊，一直坐到我父母開車抵達。最後她捏捏我的肩，然後便離開了。

就算逃過一劫，也放不下內心的罪惡感

發生這種事之後，最明智、合乎邏輯的做法便是回家休息，給自己一點同理與關懷，就像那位好心的陌生人安慰我一樣。

但像我們這種人，內外在連結斷裂又極度害怕犯錯。我們不懂得對自己溫柔，反而會無情地自我驅策，所以車禍發生後，我堅持要爸媽載我去學校，免得錯過第三節的自然課。

你沒聽錯。我在迎頭撞上廂型車，而且還恐慌症發作後，決定要假裝沒事，繼續去上課。

爸媽都勸我休息，但我怎麼也不聽。我的思考方式是這樣的：出車禍已是千不該萬不該，我怎麼可以又不去上課，再失敗一次呢？我可不容許自己一再犯錯。

一個青少女怎麼會走到這種地步，認為自己一個錯都不能犯呢？

我認為原因有很多：我已信奉完美主義多年，而威利又有嚴重的行為問題，家人又加入邪教式的教會，還有關係失能帶來的虐待與創傷經歷。在撞上那台車以前，多年以來，我早已習慣把自己逼到極限、忽略身體發出的訊號。但我那天堅持要去上學時，確實也有感覺到自己跨越了一條無形的界線。

有個聲音在我腦海中輕輕地說：親愛的，妳真的不大對勁。

用愛澆灌恐懼的心靈

你也是這樣嗎？

許多人表面上很會解決問題，但卻暗自擔心自己才是問題根源，還會以「你有什麼毛病」這樣的話來羞辱自己。在內心深處，我們多麼渴望能「放過自己」，當個平凡、可以犯錯的人——能在大家面前哭；生病時也能坦然取消約定，不必像往常一樣勉強參加。但是，我們卻相信別人的需求比自己的重要，所以即使疲憊不堪，也總會為了他人而現身。

我們總感覺到，人生應該可以過得更好，但不曉得該如何突破觀念上的侷限，找到改善生命的方法。我們相信，只要更努力就能獲得救贖，偏偏這其實是謊言，只會讓人困在既往的模式當中，難以掙脫。過去的痛會使我們發展出偏愛的應對機制。但坦白說，人往往都不願正視那些傷痛。畢竟我們之所以會養成討好他人、追求完美的習慣，就是因為情緒層面存在這些舊傷，所以誰會想去回顧呢？於是，我們常會尋求治標不治本的解方。旁人總是把「改變生活」說得很簡單，像是「放輕鬆」、「對自己寬容一點」、「學會禮貌性地拒絕」。但我們就是辦不到；別人的建議再怎麼好，我們都無法親身實踐。

我們會卯足全力地解決問題，不但過度工作，還會擔負起過多的責任。但即使這麼努力，生活都還是無法有所改善，原因在於我們並沒有處理問題的根源，就好像困在死胡同裡，沒能深入瞭解情緒層面的傷痛。光靠理智也無法化解深層的恐懼，就好像藥物成癮的人難以戒斷。我們的行為都被未癒合的創傷左右，只是表面上看起來正常而已。

完美主義、討好他人、關係成癮和過猶不及等行為模式，都是源於恐懼和焦慮，也就是情緒層面的問題。用愛澆灌自己心裡受傷、害怕的那些部分，是我們的挑戰；在心靈和理智間搭起橋樑，更是我們的功課。

這本書的重點不在於提供簡易的解方，我也不希望，你只是在表面上改掉不健康的習慣。在生活中，未撫平的傷痛會以各種形式浮現，所以有些人在戒除垃圾食物後會立刻染上菸癮。

因此，我們要溫柔地碰觸生命中最初的傷痕。因為早年有傷，我們才會發展出惡性的行為模式來保護自己。但只要你願意逐步剖析受傷的自己，就有機會復原。傷口療癒後，就無須再仰賴成癮行為，不再自我束縛，覺得自己非得拯救、討好他人或追求完美不可。

要想成功療傷，我們需要有同理心的見證者，給予你我的痛苦與煎熬一些空間。我想猜，你應該試過要改變現狀，所以我不會再給你更多的方法，告訴你應該如何努力、如何改變。這本書的性質不太一樣，作者比較像是「陪在你身邊、同理你」的那個見證者，而內容涵蓋許多故事與情境，你或許會從中看見自己的影子。透過這樣的方式，我想請你踏上旅程，從更深的層次來探究自己的問題與經歷。

每個人的故事都獨特而不同，但深入探究的話，會發現許多難題都很類似。我們都渴望有歸屬感、渴望愛，也渴望真實的自我得到接納。我想在書中為你提供一個安全的空間，就好像當年那位準備去做彌撒的女士；她看到我出車禍，便停下來安慰我、替我禱告。

在這安全的空間裡，存在著如警鐘般的力量，能喚醒人心；我也盼望這本書能讓你醒來。在每一章的開頭，我都會用一段話來挑戰各位的想法；那些話語讓我驚醒，希望有助於你甩脫從前的惡性習慣，進而獲取自由。我也希望，你在閱讀的過程中，能跟我一起大聲說出：「我不欠任何人！」體會一下那是怎樣的感覺。

在本書一開始的故事中，我會讓大家看到，人一旦陷入過度努力的輪迴中會有多麼難受，包括讓恐懼主宰生活，導致你出現完美主義、自我傷害和嚴重焦慮等問題。我會分享自己生命中一些辛苦的故事，包括我受過的惡意對待與創傷。不過，吐露這些黑暗的故事，不是為了證明自己是受害者，而是想幫助各位找回自己的韌性，並感謝自己一路走來克服了那麼多困難。在這些章節中，我也會說明過去的痛苦有哪些正面意義；不過當然啦，當局者迷，事後回顧才看得清楚。

在後續的章節裡，我會一一描述，自己是如何克服失調的模式，學習用較為健康的方式生活。我會詳細介紹自己的解方，好讓大家知道，只要你放棄像以往那樣過度努力，生活就會有所改善。希望讀者能和我一樣，發現原本沒想過的生活選項，從困境中掙脫。

在每章的結尾，我都會邀請讀者進行一項練習。透過這些任務，希望大家能實際運用每一章的內容。身為教練，我專門幫助完美主義者放下執著，也親眼見證這些練習的效果。書中所提供的方法，帶給我和我的客戶力量，讓我們療癒內心，也緩解了恐懼，得以完整地活著。我衷心地希望這些方法也能幫助到你。

不欠人練習

基本功：每天練習不做事（對，你沒聽錯）

本書的第一項練習或許是最有挑戰性的：身為你的教練，我想邀請各位過度努力的資優生每天練習「不做事」。你應該會很想忽視這項練習，但請別閃躲。每天找個時間，用計時器設定十五分鐘，在這段時間內什麼也不做，只要靜靜地坐著，活在當下就好。

這個練習或稱之為「冥想」，而我則是追尋大師級教練瑪莎．貝克（Martha Beck）的腳步，稱它為「不做事」，以幫助我放鬆、休息。記得，你不需要成為冥想大師，只要每天練習不做事；一個月後，就會察覺到自己的改變。

如果你不習慣靜靜地什麼也不做，最初幾天應該會很痛苦。你會覺得焦慮不安，有種心很癢的感覺；也會有很強烈的衝動，想要站起身來去做些什麼——做什麼都好！請忍受這樣不自在的感覺，讓呼吸陪你撐過去。

話雖如此，如果靜靜坐著真的太難受，或許得先把蓄積的能量釋放出來。單純地搖晃身體就是很好的方法，也可以聽從身體的指示甩甩手腳。精力過剩時，我喜歡晃動雙腳，即使是坐在書桌前開視訊會議，也可以活動一下。如果需要更詳細的說明，網路上有許多很棒的免費資源，只要搜尋「壓力釋放運動」（Trauma Release Exercise）或TRE就能找到。

放空的前五分鐘最困難，撐過之後，就比較能輕鬆地安靜坐著。也許你覺得全程都很艱鉅，就像一場苦戰；不過無論如何，請不要放棄。只要撐完，對高成就上癮的你，就可以再繼續去追求其他目標。所以請忍耐這十五分鐘，好好活在當下。

客戶常說他們沒時間做這練習，對此我很能體會。多年以來，我老是說自己沒空放鬆一下，但到頭來我發現，任何人都找得出時間。不放慢腳步的話，必定會忘記自己真實的模樣，並離理想的目標越來越遠。

客戶也常說不知道自己想要什麼、覺得迷失，對此我的回應便是：「你平常有花時間放空嗎？」而得到的答案通常都是「沒有」。這些客戶之所以沒辦法挖掘內在智慧，就是被狂亂的生活步調所阻。

許多成就斐然的傑出人士深怕浪費時間、做事沒效率，所以連安靜個十五分鐘都不敢，但就我的經驗而言，放空反而能帶來正面效果。做完練習後，一整天下來，我更能集中心神、專注於當下，頭腦也會更清醒。

請各位接受這個挑戰：每天花點時間獨處，什麼都別做，暫且忘掉一切的努力與期待。這項練習的目的不在於獲得偉大的靈性啟發，只希望你能阻絕一切噪音，探入自我生命的真實面。

第 1 章

乖孩子

乖小孩內心總是渴望守規矩。他們過度順服、隱藏悲傷，長大後因此面臨某些困境。乖孩子之所以聽話，並不是天生奇特、不愛搗亂，而是因為沒有別條路可走——對他們而言，乖是義務，不是選擇。

〈當乖小孩的危險〉（The Dangers of the Good Child），
取自「人生學校」（The School of Life）網站

也許你就是這樣的乖小孩，而且長大後還一路「乖」下去，那你心中應該藏著一個祕密：我好累。

像你這樣的乖孩子，不但常覺得身體很累，更會發自內心深處感到疲乏，覺得心與靈魂都被掏空。

有位讀者在信中這麼告訴我：

「卡羅琳，我要把每件事都打理好，凡事絕不能出錯。妳知道這有多累嗎？妳應該知道這種心情，所以我才寫這封信。」

沒錯，我完全能懂。當個乖小孩令人疲憊，但我們總覺無法不那樣做，就如前面提到的「乖是義務，不是選擇」。

當乖孩子是你多年來的生存策略，對吧？你總是忙得團團轉，到處解決問題、拯救他人，當自己是神力女超人。你總認為自己該伸出援手，而不是接受幫助？

以下這段話是另一位讀者寫給我的：

我這輩子對別人都是有求必應，卻不願意求助，有人主動要幫忙也不接受。如果自己做得來，那就不用再麻煩別人，不是嗎？

可是我好累。有時我可以戴上風趣詼諧的面具，但最近卻覺得越來越難。坦白說，我認為自己沒有資格獲得愛與陪伴，心裡也在猜想，朋友和家人應該都對我很失望。

承認自己疲憊是轉變的開端。不過，就算讀了許多自我成長的文章，身邊朋友也提供不少常見的解決方法，你還是無法安心地停下來休息。確實，驅策自己前進非常辛苦，但在匆促的腳步中，反而有種熟悉的安全感。在內心深處，我們相信自己的人生注定要這樣，所以就一直硬撐，直到身心崩潰。

有位讀者在瀕臨崩潰時，寫了這段話給我：「這樣的生活方式我已經受夠了。我不希望女兒變得像我這樣，不希望她像機器人似地活著；我要她活得自由自在、沒有後悔，但該怎麼做呢？」

如果希望孩子過得好，不妨先仔細審視年幼時的自己，看看當年的你心中藏了哪些悲傷與喜悅，並從幼年的視角來看待人生。

那場令我難堪的舞蹈表演

回想人生中第一次舞蹈表演，我總會想起那件閃閃發光的亮片表演服。當時才幼稚園的我緊張得要命，但卻也開心得不得了。

我身穿一件有銀色亮片的寶藍色緞面上衣，下半身則是硬挺的芭蕾舞裙；芭蕾舞鞋、褲襪和手套全都是白色的。肩帶和頸飾上的亮片讓我的胸和背都好癢，可是我好愛那亮晶晶的樣子，所以根本不在乎。禮堂很暗，聚光燈很亮，我在台上時，能看見大家踢起的灰塵和亮片反射的光，也能聽見音樂，並感覺旋律在我體內流動。表演並不像我想像中那麼可怕，而且還滿好玩的！

快要結束時，我跪在第一排，準備要和其他女孩一同起身。按照先前的練習，我應該要雙手撐地，直接站起來，但是我卻握住麥克風架，扶著它站了起來，還對準麥克風唱出最後一句歌詞。當下我並沒有想太多，只是感覺對了，就即興表演了這個橋段。觀眾歡欣鼓掌，在那風光的瞬間，我覺得自己就像真正的芭蕾舞者，簡直是個明星。

表演結束後，爸媽到禮堂的前廳找我。媽媽先來到我面前，緊緊地抱住我，把我的臉壓在她花洋裝的柔軟布料上。她遞給我一束淡粉紅色的塑膠玫瑰，「送給我最美麗的女兒」。

我紅了臉，微笑抬頭看她。走廊上擠滿參加表演的小孩和家長，媽媽順順我的頭髮，把一撮掉出來的髮絲，塞回她幾小時前用一大堆髮膠和髮夾替我打理的包包頭。

「我的寶貝長大啦！妳在台上好有自信！怎麼突然就長得這麼大了？對了，我們要拍照，相機呢？」她轉向我爸。

「這裡，」爸爸把相機遞出去，然後彎下腰來，從側邊摟摟我，「表演得很棒喔！卡羅貓」。他叫我卡羅貓，不但是因為聽起來很可愛，而且我最大的願望就是養一隻貓。在爸爸的身旁，我總覺得自己很小隻，但很有安全感。

自從老師教我們認識太陽系後，我就把全家人想成天體系統。我是地球，而威利是離我最近的月亮，但我們彼此獨立，靜靜地活在自己的世界裡。爸爸就像重力，是恆久而穩定的存在，但工作時會消失，就像肉眼看不見重力；至於媽媽則是家的中心，是散發著焰火的閃亮太陽，不時會有劇烈的變化。

媽媽拿起相機：「親愛的，笑一個！」於是我用盡全力地把笑容撐到最大，也很努力地在閃光燈前忍住不眨眼。

在我瞇眼想消除閃光燈造成的盲點時，媽媽揚起眉說：「不過親愛的，我還是得問，妳剛才為什麼要抓麥克風啊？妳自己站不起來嗎？」她的語氣充滿指責與批判：「妳希望大家覺得，妳得扶著麥克風才站得起來嗎？真的是……很做作欸！」她失望地搖搖頭，但接著又用緩和的語氣說：「哎，妳大概就是想按照自己的風格發揮，對吧？」她笑了一聲，爸爸也輕輕地笑了起來。

我的臉開始發燙，像是要燒起來一樣，胃也覺得好沉重。我不知道「做作」是什麼意思，但從媽媽的語氣聽來，似乎我不該表演那個動作。老師沒有叫我扶著麥克風架，但我卻還是做了，從她的評論聽來，這必定是很糟糕的決定。

在那個晴朗的午後，羞恥感令我蒙上一層陰影。我亢奮的心情瞬間消散，快樂有趣的時光也宣告結束。我搞砸了，心中的感覺奇差無比。

母親的話就像天條

你有過這種經歷嗎？原本覺得一切順利，也認為自己表現得很棒，結果卻被他人猛潑一桶冷水，美好的體驗於是全都毀了。你是不是曾在家人面前假裝沒事，但內心已被羞恥感淹沒？

這跟第一次打「超級瑪利歐兄弟」有點類似。一開始，你會輕鬆地看待這個電玩遊戲，心想：「哎，這角色也太呆了，不過還滿好玩的，你看，我可以跳這麼高耶！」瑪利歐一再橫衝直撞、摔落谷底，在你嘲笑自己是個遜咖時，你的操控技巧越來越好。

在遊戲稍微上手後，身邊一些長輩卻開始評論你的技巧，而年紀還很小的你，會有什麼反應呢？你會收起玩玩就好的心態。因為突然之間，旁人開始對你有所期待，必須好好表現才行。要是某次打得很好，下一次卻搞砸，你會感到失望，身旁的人也會嘆氣。你變得很投入，並發現遊戲變得更有挑戰性，過程更加緊張而刺激。贏的時候你會很開心，但你更重視的是不能輸——你會努力奮戰、收集金幣，並無所不用其極地避免在遊戲中死掉。

你喜歡贏的感覺，也會全心投入，為的就是想交出好表現。你努力避免失誤、犯錯，即使偶有不慎，也會盡你所能地掩飾這些錯誤。漸漸地，你失去歡樂的心情，忘記自己只是在玩遊戲而已。

這聽起來有點像是我們的人生故事，對吧？小時候我們都是在玩遊戲、四處摸索，沒什麼顧慮，但從某個時刻起，我們逐步接收外界的訊息，開始認為人生是非常嚴肅的功課。大人們要我們聽話，以他們期望的方式做出回應與承諾。我們甚至會認為，一旦犯錯就等於死路一條。

許多人在成年後，仍抱持這樣的心態，認為自己必須不斷前進、兢兢業業地努力，一點小錯都不能犯！諷刺的是，其實無論是遊戲或真實世界，都比我們想像中得寬容許多，但我們還是那麼害怕，堅信自己必須做出完美的表現。事實上，走錯一步又有什麼關係，你大可以重新開始，就好像遊戲可以也再玩一次。

美國作家安．拉莫特（Anne Lamott）說：「完美主義肇因於一種癡妄的信念。我們以為，只要謹慎小心，把每一塊階石都踩穩，就永遠不會失足喪命。」乍聽之下，這種信念很誇張，畢竟誰能夠每天背負著這樣的壓力生活呢？但你我都知道，這種人到處都有；認定自己必須當個乖孩子，否則就對不起全世界，那種感覺我們都懂。

人生在世難免會陷入困境，沒有誰能一生都毫無傷疤，「每個人都有一段令人心碎的故事」，就是這個道理。有些人在成長過程中經濟拮据，也有些人生來就是弱勢族群，只能追求完美，找到掌握人生的唯一途徑。親愛的讀者，我必須先坦承：我從出生的那一刻起，就已享有許多優勢：我的父母都想要孩子，也準備了位在安靜郊區的舒適住家，還出錢讓我學跳舞，並讓威利很早就開始接受介入治療。我從小就讀優質的公立學校，享有白人在社會上的優勢。

無庸置疑，我是個幸運的孩子，但在童年時期，深層的恐懼卻如影隨形。「運氣和恐懼可以共存」，我花了數十年才領悟到這個事實。我雖然幸運，卻也很害怕。

怎麼會這樣呢？

要解答這個問題，我們必須先探討創傷的本質。具體而言，要先釐清生理與心理創傷的差別。生理創傷指的是身體受傷，屬於醫療狀況，一般來說都能以量化指標評估，且因果關係直接而清楚（譬如割傷後會流血）；相較之下，心理創傷則完全是主觀的概念，重點在於特定情境對個人造成的影響。如果某事讓你受到傷害與驚嚇，覺得「做真實的自己」並不安全，那麼它就是創傷性事件——沒有第二句話，也沒有任人置喙的餘地。沒有誰能判定這事不算、不是真的，只要你心裡感到害怕、驚愕，那就是創傷。

同樣的事件，在不同人的身上會造成天差地遠的內在體驗。舉例來說，另一個小女孩就比較豁達，哪怕母親說她的舞蹈表演很做作，她也很快就會忘記，但我卻耿耿於懷。媽媽就像太陽，我始終繞著她轉，她說的每一個字我都記在心裡，而「做作」更是讓我很受傷。每次她批評我，我都會要求自己要用盡一切努力改進，以免往後再聽到相同的評語；每當她收起平時綻放的明亮光芒，我就會想盡辦法，躲避隨之而來的陰影。

老師的啟蒙與鼓勵

把「他人的認可」視為指引，像在追尋陽光一般，不斷尋求旁人的肯定——你知道那是什麼感覺嗎？若你沉迷於被人讚賞的感覺，那應該會覺得，小學是最令人安心的時期，因為只要遵守規則，就能獲得內心所渴望的「正向獎勵」（positive reinforcement）、認可與安全感——無論再怎麼短暫，我們都願意努力爭取。只要考到好成績，就覺得自己有資格在這世界存活下去。

可想而知，我小時候就是個好學生。在一年級以前，我的作業發回來時，老師總寫上「非常棒」的評語。對我來說，讚美的話語就像杯子蛋糕和果醬餅乾一樣甜美，是我的最愛，值得我用盡全力去爭取。

但在某個不祥的日子，一年級的我拿回批改過的作業時，發現桑莫絲老師在上頭用紅字寫了「請來找我」。這句評語的意思是，我必須在全班同學面前，到老師的桌子旁排隊，等著跟她單獨談話。對於兒時的我而言，作業寫不好，心裡已覺得很彆扭，還必須當眾接受老師的糾正，更令我感到丟臉。

等到「請來找我」時間開始後，我偷偷摸摸地排到隊伍最後方，低頭盯著身上穿的粉紅色T恤、印花內搭褲和Keds運動鞋；我努力地不讓眼淚流出來，不斷地撥弄我那柔軟的棕髮，讓它如緞帶般在手指間繞來繞去。當我想忍住不哭時，這方法通常很有效，但這次卻沒有用。如果你也曾在國小教室裡與眼淚搏鬥，那你肯定知道當時我有多麼絕望。

輪到我時，桑莫絲老師看了我一眼，然後說：「卡羅琳……親愛的，妳怎麼啦？」

我說不出話來，只是把作業交給她，心中已做好最壞的打算。

「親愛的，聽我說。妳知道我約談妳的原因嗎？」

我憂愁地搖搖頭，哽咽地說「不知道」，眼淚也流下臉頰。我已經一再確認，但就是找不到哪裡出錯。

「因為妳作業寫得很棒，我想當面稱讚妳，就這樣而已！知道嗎？」

我點點頭，老師摟住了我脆弱、顫抖的肩。

「卡羅琳，沒事，沒事啦！對不起，我嚇到妳了。沒事的，妳寫得很好！」

聽到這番話的瞬間，感覺就好像打電玩時以為快死了，卻在最後一刻吃到蘑菇或金幣，救回了一命。

自此之後，我就愛死桑莫絲老師了，因為她就像我最愛的手臂浮圈般撐住了我，沒讓我沉沒。後來有一天，她宣布我們要做自己的書……我簡直不敢相信竟然有這種好事。可以做出一本書耶！小時候我都還沒學會識字，就已經想看書了。我總是跟在媽媽身後，在家裡到處跑來跑去，拜託她讓我「看書」，所以這個活動完全正合我意。

桑莫絲老師全班同學說：「每個人都要寫十個句子，並畫一些圖，有點花時間，但別擔心，我會幫忙。完成以後，你們的照片也會貼在書的內封，就好像真正的作家一樣。

你們知道作家是什麼意思嗎？就是把寫書當工作的人哦！」

「作家」……還有什麼比這更棒的職業嗎？在那個當下，我就知道自己想當作家了。

親愛的讀者，你有經歷過這樣的時刻嗎？突然領悟到自己想走的路，以及靈魂想追尋的方向？你當下是不是有種敬畏、驚奇的感受呢？「哇，在我眼中最酷的事，竟然是一種工作耶。而且我也有可能成為作家，就算機會渺茫，那又怎麼樣！」

也或許，當你在沉浸於夢想帶來的快樂之際，就已預見到必須付出的努力，因而感到畏懼。不過，幸運的人便能得到老師、教練或人生導師的指引，可以在他們的引領之下，一小步一小步地克服讓人不知所措的關卡。

桑莫絲老師這麼指導大家：「如果不知道書裡要寫什麼，那就想想對你重要的生活主題。」

對我重要的……對了，威利很重要！那我就寫他吧！我在書封上畫了一個火柴人，是個身穿寬鬆紅色上衣和長方形綠色長褲的男孩。他沒有手掌和腳，只有用鉛筆畫成的細瘦手臂與雙腿，還有用紅色蠟筆加上的一抹微笑。在火柴人弟弟的頭上，我還加了棉花般的蓬鬆雲朵，和黃色光芒大大綻放的太陽。

我的書是這樣開頭的：「我弟弟叫威利，我們經常在一起，會一起跳床，也會在早上六點起床，然後把爸媽叫醒。」同是火柴人的爸媽臉上也有微笑；在我的書中，他們一早見到我和威利，顯得很開心。

我在書裡詳細描述威利的興趣：喜歡恐龍、到戶外玩，還有把東西放成一排一排。「大多數的時候，我弟弟都喜歡自己一個人。」爸媽曾告訴我這一點，我自己也有觀察到。此外，我也秉持孩子特有的誠實態度（雖然會令人詫異）加了一句：「我很愛跟他玩，但有時候不喜歡。」

我沒寫到書裡的，是我們最愛的遊戲「逃跑大賽」：在客廳間來回奔跑，一邊尖叫、一邊傻笑地跑給爸媽追，或是我們兩個互相追逐。「你追我跑」，跟威利玩他喜歡、而且能理解的遊戲，讓我興奮又快樂。

威利很愛跑來跑去，玩遊戲時根本不需要別人鼓勵，而且他太常爆衝，所以去人多的地方時，媽媽會用一小條彩色的繩子繫住他，好像他是小狗似的，以免他消失在人群中。到家以後，威利也有時會偷溜出門逃走，等到有人發現他不見時，他已經跑到半路，快要到公園了。

每次他一落跑，媽就會叫我坐進家中那台灰色 Volvo。開上路時，她會用那種「我快要崩潰了」的語氣對我說：「眼睛睜大一點！繼續找，一定要找到他！」

我集中精神，連眼睛都不敢眨一下，就怕威利出現時我剛好沒看到。找到他以後，媽媽會把他安置在後座，並替他繫上安全帶，然後去跟警察說話（如果是警方先找到威利的話）。弟弟坐到我身旁時，我的心情總是很複雜，就像霜淇淋的形狀般千迴百轉：一方面生氣，一方面又慶幸，還摻雜著「我比弟弟乖多了」的優越感受，就好像霜淇淋上點綴著彩色的巧克力米。

我無法替父母解套，他們一定得去照顧威利，但我可以努力變優秀，讓爸媽不用擔心我。在我看來，這是我欠他們的。

從小就想為家人犧牲一切

面對生活問題，人年幼時的應對機制看似正向、具有利他價值，但其實很容易慢慢堆積成完美主義。這些機制確實有好的地方，也的確能幫助他人。我們使出最大的努力，希望能幫上忙、解決問題，也把身旁的一切都處理得井井有條。我們在乎、關心自己所愛的人，包括朋友和親人，所以才那麼努力想讓他們過更好的生活。這並非什麼壞事，不過，若為了追求完美而犧牲自己的基本需求，那就不妙了。在這樣的情況下，所愛的人不管犯什麼錯，我們都會容忍，但卻不會給予自己同樣的自由。

我努力地把每件事都做好，並確保每項作業都得到「非常棒」的評語，但卻也親眼看到威利是多麼不守規矩。在我的小書中，我這麼寫道：「他非常討厭跟爸媽一起上口說課，也很痛恨別人吼他。」在我畫的插圖中，威利以那圓睜的雙眼焦慮地盯著桌子，一旁則是媽媽，她嘴裡延伸出的對話泡泡寫著「不准亂來」。接著我又寫道：「爸媽大多數時間都在教他，這時我就會去朋友家。」

當然啦，我在朋友家玩得很開心。我跟兩個同齡的女孩子是鄰居，三個人會一起看《救命下課鈴》（*Saved by the Bell*），還著幻想可以穿上霓虹色的長褲和短上衣，去美式快餐店吃飯。有時爸爸去上班，媽媽和威利去做語言治療，我沒有到隔壁去串門子。在那些午後，我心中總會有股難以名狀的空虛感，彷彿一個人身在海中央的木筏上，眼前好幾百公里的地平線都空無一物。

在書裡，我直白地寫出了家裡的狀況：威利比較需要爸媽。事實就是這樣。我含蓄地提到，有個自閉症的弟弟是有點辛苦，但在書的結尾，我還是這麼寫道：「我非常愛弟弟，為了他，我什麼都願意做，就算要穿牆也可以！」我對威利的愛是這麼深，我願意為了他把不可能化為可能。當年才六歲的我，就已能具體地表達我對他的感情。

這種「實現不可能」的渴望，你應該也很熟悉，也曾以此做為目標。我們都是這樣長大的，對吧？想成就完美的自己、達成不可能的目標，並在失敗中不斷地自我批判。

對許多人而言，這樣的經歷會變成做人的準繩與內在的自我規範：我虧欠父母太多，無論心裡有多害怕，都必須做個乖孩子。

然後，我們會把這道規矩帶入未來的人生，即使處境改變，即使長大後搬離家中，還是會不斷督促自己，必須表現得比真實的自我「更好」、「更堅強」。

當然，一般人通常不會故意找自己麻煩。理智而言，我們都知道自己是凡人，有權利休息，應該多多放鬆緊繃已久的神經。我們很慶興自己已經長大，可以自己做主（終於能去快餐店吃飯了），但在潛意識裡，我們仍處於求生模式。

大學時代的轉變

在我就讀瓦薩學院（Vassar College）的第一個星期，有天我在宿舍房間裡在摺髒衣服，被鄰近的室友看到。那位同學來自長島，是個愛運動、受歡迎的外向男孩。那天他走進我和另外兩個女生同住的房間，恰好看見我這個總帶著《聖經》、害羞內向的紐澤西女孩，把有鴨子圖案的睡衣摺好，放進床腳的網狀洗衣籃。

當下的情況，就只有尷尬兩字能形容。

我當然不希望別人知道我會摺髒衣服，其實連我都不知道自己為什麼會這樣，但就是有股衝動想把東西給整理好。

許久後我才知道，在「九型人格架構」裡，第一型的完美主義者在面對壓力時，會盡可能把周遭的一切打點得有條不紊，就像是膝跳反應。有些讀者認為，近藤麻理惠那本《怦然心動的人生整理魔法》內容太誇張，但我卻認為她提出的整理術很有紓壓效果。「先把所有衣物集中在一起，然後再一一分類」、「像捲壽司一樣，把襪子綑成一捲一捲」……OK！沒問題！

但身為大一新鮮人的我，當然不希望同儕知道我有多神經質，所以那位同學對此發表評論時，我難為情地羞紅了臉——「欸，卡羅琳，我沒看錯吧？妳竟然先把睡衣摺好，然後再放進洗衣籃？」

他只是覺得有趣，並沒有用指控的口吻對我說話，而且他是個好人，不喜歡刻意挖苦別人。但即使是這樣，我仍感到過往那股惱人的羞恥感如海浪般襲來，頓時只想躲到床下。

「呃……嗯，對啊。」我細聲說，想要假裝漫不經心，但演得一點也不像。「對啦，被你抓到了……我就是有潔癖！」我想一笑置之。

他對我微笑，沒再說什麼，並轉頭跟我室友聊天，問她有沒有入選袋棍球隊。我用力地嚥下口水，很努力地抵抗腦中的批判之聲，它正在對我說：「妳真的很奇怪欸！為什麼就不能正常一點？妳到底有什麼毛病啊？」

過了很長一段日子後，我不再摺髒衣服，也已適應校園生活，但我心中仍藏著另一個祕密。在我單人床旁邊的那道牆上，有一張被油漆覆蓋的星星貼紙，貼在護牆木條的正上方；這樣小小的缺陷，很容易就會被人忽略。我每晚上床睡覺時，都會伸手摸摸那顆小星星，並用指尖感受邊緣處凹凸不平的地方，每次都能從中得到一股力量。

那顆星星不應該留在那裡，不過大概是舍監沒看到，工人後來也恰好在上頭刷了油漆。換句話說，星星的存在本身就是錯誤。各位應該會覺得，對於嚴謹的完美主義者來說，此景看在眼裡會很心煩。或許我在理智上視之為錯誤，但內心卻認為，這貼紙的存在很有意義，它讓我想起，童年時臥房的天花板上也有幾顆用油漆蓋住的星星。它彷彿在提醒我：無論我多麼害怕，覺得自己有多渺小，就根本而言，我仍然非常安全。

在摺髒衣服、用指尖輕觸祕密之星的大學時期，我無意間讀到了美國詩人瑪麗．奧利弗（Mary Oliver）的詩作〈野雁〉（*Wild Geese*）。開頭的那句「你不必乖巧」就像在我眼前引爆的炸彈一樣，讓我的身心震盪不已，心情既亢奮又恐懼。如果說羞恥感令人難以呼吸，那這句話就像及時送到的氧氣。

那句話、那首詩和那顆小星星，都是上天餽贈的恩典。在我發生車禍的那天早上，原本要去望彌撒、卻坐下來陪我的那位女士，也像天使一樣。

不要假裝沒事

每個人都有一套「維持自我世界秩序」的方法；像我是摺髒衣服、有人是練習各種整理術，也有人習慣把凌亂的物品全都塞進衣櫃。這些方法沒有高下之分，重要的是，你必須學著對自己仁慈。

我知道這不容易，也知道過度自我批判的感覺；我們都對自己太嚴苛了，所以活得很痛苦。即使是這樣，我還是想請你和我一同以「自我同理」取代自我批判，像我一樣「放下髒衣服、輕觸牆上的星星」。重點在於，你不再試圖控制一切，而是去找回生活中美好的點滴。

不過，我們必須先撫慰害怕、脆弱的自己，才能實現這個目標。多年來，我們嚴格地壓抑自我，努力要掩飾那些生命傷痕，但現在要勇敢直視它們。

對於成人來說，培養對自己的同理心，就是要聆聽內在小孩的聲音、見證他當年的遭遇，並以仁慈的態度相待。你必須以溫柔的眼光看待兒時的自己，體諒他只是個在混亂世界中掙扎的孩子。

年幼時，我們對於現實世界的解讀都不甚完整，而且過度簡化，但成人有時也會這樣。面對令人困惑的狀況時，孩童會創造一套說法，以釐清難以解釋的情境，不過那時他們的大腦尚未發展完全，所以這些描述總是有所缺漏。孩子心中最常搬出的解釋是：「如果有不好的事情發生，一定都是我的錯。」

當然啦，這種解釋法一定還有個附帶條件：「要是我可以把事情做好，一切的困難都能迎刃而解。」

完美主義就是因此而生。

在完美主義中苦苦掙扎，並不代表你很糟糕或沒救，只能說你也是人，而且以前受過傷。從那時以後，扮演「好孩子」就成了你自我庇護的方式。這個角色之所以不可或缺，是因為就你當時的認知與信念而言，除了表現乖巧，你沒有其他辦法。

我們總是想掩飾過去的傷痛，也常會說：「已經沒事了啦，都那麼久以前了……」這種經典台詞就是用來美化或略去過往的經歷。但如果我們否認那些傷口，也不設法去治癒，它們就會繼續左右我們的行為，給現在的生活帶來痛苦。而我們也會錯失機會，無法仔細審視因過往傷痕而發展出的行為模式。

光是時間還無法治癒所有傷痕，能療癒一切的，只有愛而已。以愛和接納來關照傷痕累累的自己，才有復原的機會。

培養疼愛自己的能力

已經長大成人的你，該如何邁步向前呢？

首先，你要把自己當成你親愛的孩子，好好對待。

前面提到，有位讀者寫信給我、說不希望女兒以後跟她一樣，而我回覆時是這麼說的：「妳必須從自己做起，先下定決心，努力學習接納自己。」

要想做到這點，通常必須求助於人，偏偏我們多半都不想找人幫忙；除非在逼不得已的絕望時刻，平時的應對策略失效，或是被憂鬱、焦慮或恐慌困住。我在三十出頭時就是這樣。雖然更早以前也找過諮商師，但當時情況不一樣，我面臨了重大的危機，發自內心想尋求更密集的協助，並進行深度的內在練習。在諮商師充滿同理的幫助下，我開始處理造成我完美主義的那些心理與情緒傷痛。

過程中，我仔細審視了那場讓我羞愧的舞蹈表演，並問自己一些從未想過的問題：

「妳會因為那個小女孩當晚表演的橋段而鄙視她嗎」、「她是真的很做作嗎？又或者她只是太開心了」、「就算她真的很浮誇又怎樣？她不過是個小女孩，她扶著麥克風站起來、敢於綻放自己的光芒，這也該受到批判嗎」。

對於以上的問題，答案是「我不會」。

希望你也能如此自問自答，試試看結果如何。找一張你小時候的照片仔細端詳，想像那個人是你的小孩，而現在的你是家長。你會因為那孩子的行為而有鄙夷之情嗎？對於她感到害怕、孤單時所做的決定，你會一概否定嗎？

我覺得應該不會。你應該會有一絲的同理心，和些許的共感。

如果這個方法太抽象，不妨找張可愛動物的相片，比如一看到你就會興奮跳躍的狗，或是會在你睡覺時蜷縮在身邊的貓。無論如何，請放開心胸去體察你對這隻動物的情感，然後以同樣的尊重和柔軟之心，來對待兒時的你。我的貓波特希會在我搓牠耳朵時，縮到我身邊喵喵地叫。剛開始練習時，我會想像那個畫面，並以我看待牠的眼光來看兒時的自己。

你應該會認為，動物光是展現真實的模樣，就足以惹人喜愛，不需要什麼多餘的元素來包裝。

所以不妨問問自己：那我是不是也這樣自在呢？我覺得自己有殘缺，但說不定這就是我完整的模樣？或許我內心的最深處並不是一片黑暗，而是充滿光亮？

親愛的讀者，恨自己是很累的，你知道為什麼嗎？因為你一直相信這個謊言「我應該在所有人面前當個乖孩子」，這種信念只會令你精疲力竭，那不是你，你也不是非得聽話不可。

發生在你身上的事，只有讓你感受到愛才是真的，其他的都是錯覺。我們該在乎重視的，就只有那些真實的情感而已。

不欠人練習

第一式：換手寫字

若你因為自我憎恨而感到痛苦，代表你應該對自己仁慈一些，其中一個方法就是以非慣用手來寫字。這是「重新撫育」（reparenting）的一種方式，它能帶來療癒過往傷痕的力量。以非慣用手寫字，大腦便會以不同的方式運作，幫助你跨越阻絕情緒的高牆（那是你自己構築出來的）。我曾擔任諮商網站The Clearing的自由撰稿人，這個療傷技巧就是跟那邊的諮商團隊學的。換手寫字練習最早是由美國心理學家露西雅·卡帕席恩（Lucia Capacchione）博士發明，她著有許多書籍，其中一本就是《非慣用手的力量》（*The Power of Your Other Hand*）。

開始練習前，請務必讓自己沉浸在愛的能量之中，這是本書後續所有練習的能量基礎。請專注於當下，去感受愛在體內產生的力量。一如我先前所說，有個簡單的方法是在心中回想某個親愛的孩子，或是你無條件寵愛的動物，也可以想著伴侶或要好的朋友。重點在於，你必須對這個生命抱持著自由而毫無疑慮的情感。在想像時，請感受愛在你與對方之間流動。

盡你所能地醞釀出這股能量後，請把療傷訂為目標，然後拿出紙筆來練習換手寫字。一開始，請先使用象徵成人自我的慣用手，問問內在小孩：「你好嗎？」然後改用另一隻手，以內在小孩的身分寫下答案，把心中湧現的一切全都寫下來，內容應該會很令你感到訝異，但不要緊，繼續這段對話，至少寫完一頁。

重點在於，多多給予脆弱的內在小孩安全感、愛與讚美，並不時問問對方：「你現在感覺如何？」然後去體會實際出現的感受，像是害怕、憤怒、悲傷或快樂，而不是對於這些感受的想法，像是「我覺得我不該再孤單一人了」。「我覺得害怕」才是直接的感受，對吧？理智面的評判和身心的感覺是兩回事。

總而言之，你可以透過許多問題來引導內在小孩，以下列舉出一些例子：

你現在感覺如何？
這件事讓你感覺怎麼樣？
再多跟我說說……
你想怎麼做？
你現在想要（或需要）什麼？

請記得，象徵家長的那隻手要即時給予無條件的愛，所以對話著重在當下的情境。內在小孩如果想要，也可以寫下過往的經歷，但這項練習的重點，在於體察脆弱的你現在感覺如何。即使孩子對你生氣也沒關係，你的責任在於提供安全的空間，來盛裝任何強烈情緒。或許你可以說：「我就在這裡，我愛你。如果你想生氣，那就盡量發脾氣沒關係；你可以有激烈的情緒。」

在對話最後，請問問孩子：「你現在需要什麼，才能體會到愛與安全感？」通常，你會發現內在小孩需要你的保證、安撫與支持。這時，請完成對方的要求，以建立信任關係。舉例來說，如果內在小孩想要擁抱，請抱住自己，想像你把小孩摟在懷裡安撫。

有時候，孩子的要求可能不太實際，這是很正常的！如果內在小孩想要一匹小馬，你不一定非得去買，只要聆聽其中所蘊含的渴望，並與孩子一同找出解方，譬如去馬場參加體驗課。請持續這項練習，直到有辦法能尊重並實現這些需求。然後以大人的身分制定計劃，譬如「這星期六開車去動物園吧」。

第2章

盡信神不如無神

神象徵寬恕——那些宗教故事都是這樣說的。但在我家，《舊約》才是神的象徵，要想獲得寬恕，往往必須先犧牲許多。

美國作家珍奈・溫特森（Jeanette Winterson），
《正常就好，何必快樂？》

每當我希望神靈能教我分辨是非、替我指引方向時，祂總是給我一句強而有力的指示：生命在哪，你就去哪。

我該接受這個引導，還是待在家呢？該看書還是看電視？該伸出援手還是靜靜坐著？「生命在哪，你就去哪」，在這八個字的引導下，我隨時隨地都能挖掘具有生命力的事物。我與客戶分享這句話時，他們也會加以應用，成效也很棒。這句箴言能讓人捨棄優劣清單、放下理智層面的分析，改為相信直覺，使我們獲得自由，得以探究每件事的核心與本質。

但在某些時刻，你是否無法簡單地看清楚當下的情況呢？「生命在哪，你就去哪」這句話要有效，前提是你必須允許自己去體會內心真正的感覺，而不是思考自己「應該」要有怎樣的感受。如果你經常焦慮，那可能是在掙扎，究竟該忠於自己真實的感受，還是當好自己該扮演的角色；在來回拉扯的過程中，焦慮感也會跟著上升。

「生命在哪，你就去哪」，這句話實踐起來不容易，背後自然有其原因。如果你從小到大都被教會控制，或得聽從宗教領袖或權威型家長的教誨，那你大概會心有戚戚焉。

從小開始，在外界的教導下，我們就會批判自己生而為人的正常情緒與需求。牧師教我們要自我克制，才能當個有美德的人；他告誡我們要乖乖聽話，安定、穩穩地坐好，連問問題都不行！在教會人士眼中，悲傷是負面情緒，憤怒則更糟糕，所以我們得壓抑這些感覺與需求，才能「提升靈性」，讓自己「變得更好」。在旁人的含蓄暗示或挑明指導下，我們漸漸無法接受自己的真實模樣，並轉而聽從外在宗教權威的訓誡，譬如教會。我們會投入時間、金錢與心力，因為加入群體讓人有安全感。

年復一年，我們壓抑心中的問題、感覺和需求，心靈的感受力不斷受損，獨處時就不知該怎麼辦。在大人的教導下，我們習慣尋求外在權威，以此判斷是非真假以及道德價值，也認為自己必須效忠教會，彷彿對他們有所虧欠。

大人說人類生下來就有罪，所以我們不能相信內心真正的想法；但如果不相信自己，又怎麼可能對自己的決定有信心。

就連很簡單的事，我們都難以做決定。宗教典籍告訴你，人類的直覺謬誤又邪惡，那你肯定無法相信身體的智慧。在這樣的情況下，你會高度依賴理智，希望能做出最理想的決定，但你會因此陷入掙扎，在兩個相互衝突的價值體系中遊走。舉例來說，大家都說忠於自己很重要，但又告誡彼此，無論如何都要遵守規定！

這樣的窘境很難解，在某個價值體系中做了正確的事，卻違反另一個體系的標準。這樣的問題不只存在於封閉的宗教環境，任何地方都會出現，只要當中兩套規矩相互衝突、甚至完全牴觸。正因如此，我們才經常會覺得罪惡感纏身，無論做了什麼決定都一樣。

買個小東西也有罪惡感

我自己就被錯誤的罪惡感耽誤許久，說起來實在很難為情。在將近三十歲的某年冬天，我跟丈夫強納森決定要買兩盒銀色小球（總共十一塊美金），那是我們第一次一起買聖誕樹的裝飾品，但在排隊結帳時，我心中又升起了一股熟悉的罪惡感。我站在那兒，不斷改變雙腳重心，並朝店內四處張望，看著巨大的花圈和一排又一排的裝飾。心想：「假借聖誕節之名，鼓勵人鋪張浪費，這根本就是消費主義！而且我們竟然還當共犯！」

其實我們的人造聖誕樹是強納森的祖母留下來的，那些裝飾品我們負擔得起，也很期待要掛到樹上。多年來，我一直想著要擁有自己的聖誕樹。但內心的罪惡感卻告訴我，買這東西不對，是踰矩的行為。

你也有過這種想法嗎？

「錢應該要花在刀口上，而這十一塊還有更好的用途……我們太自私了，應該要把錢捐給慈善團體，還要加碼捐更多！我們也不是真的需要聖誕裝飾。沒錯，的確不需要。

所以我們不該花這筆錢，與其貪戀那些漂亮的銀色小球，還不如把錢省下來，以免成為罪人。」

強納森則不這麼認為。我們倆都很節儉，但我小時候所屬的教會宣稱，聖誕樹是「異教徒」的玩物（就是邪惡的東西），所以「真正的信徒」絕對不能碰。

於是我試探性地詢問他：「呃……我們真的要買這些嗎？會不會太誇張了？我覺得有點浪費。要不要放回貨架上？我拿去就好。」

強納森頓了一下。我們明明已經說好要買裝飾品了，所以其實他大可以生氣。不過，他卻體貼地這麼回應：「那些都是小事，沒什麼好愧疚的，但妳都會對它們有罪惡感。也許妳做決定的時候，不應該用罪惡感來當指標。」

「你這麼說也沒錯。」我回答。

之後幾天，我審視了長期存於內心的罪惡感。原來我會覺得愧疚，都不是因為特定的物品、消費行為或想法；那種罪惡感代表我內心有更深層的問題。我其實不相信自己的決策能力與各種感知，我只能追隨我們教會所推崇的神；祂是無上的精神指標，絕對不會樂見我去買聖誕裝飾。我在排隊結帳時，神在我內心大吼，所以我根本聽不見自己的聲音。

宗教開始進入我的童年生活

多數人在小時候都理所當然地認為，家長和照護者無所不知。在兒童的萬神殿裡，大人就是神靈，無論發生什麼事，他們都知道該如何處理。小孩子一定得相信照護者有強大的能力，否則會覺得沒有安全感。

因此，回首兒時生活時都要留意這個事實：我們視為權威的大人並不是神靈，也只是凡人而已，就跟你我一樣，會受傷、困惑、害怕，需要他人的撫慰與肯定，也會在不知情的狀況下加入邪教。

我之所以曉得，是因為我家就是這樣。

威利被診斷出自閉症後，我和媽媽都曾思考過一些靈性方面的問題。某個夜晚我躺在床上時，突然深深地認定：天堂一定存在。我也不曉得該怎麼解釋，但就是知道，在天堂我便可以跟弟弟溝通，我提的問題他也都會回答。在威利凝視天空時，我可以問他在想些什麼、為什麼喜歡從家裡落跑。不過我最想要的是一扇窗，讓我能一探他的心情與想法。這個幻想的場景我沒有告訴任何人，不過我全心全意地相信，這樣的天堂確實存在。在威利的診斷出爐後，那份信念讓我覺得溫暖又安定，讓我在黑暗中感受到靈性層面的安全感與慰藉。

另一方面，媽媽則決定要正式加入教會。過去我們家並沒有參加任何教會活動，但在獲知威利確診自閉症的消息後，媽媽便開始讀《聖經》，並在星期六早上參加「普世神教會」(Worldwide Church of God，WCG)的活動。聖誕節時，我們放在聖誕樹下的禮物則是諾亞方舟。我和威利在這艘模型船上移動成對的斑馬和長頸鹿，媽媽則在一旁唸《聖經》故事。我喜歡讓那些動物一步步地走進方舟的紅色屋頂下，威利則喜歡把船翻倒，讓動物都掉出來。我們每天都在玩方舟模型，但媽媽讀《聖經》的表情讓我很緊張。當時我還不知道這就叫做「直覺」，但我心裡知道：媽媽都買有宗教意味的玩具，她應該是認真想加入教會。而且，她今年都在講《聖經》故事，完全沒提起聖誕老公公，往後她說的故事都會是另一套了。

一開始，我、爸爸和威利都會跟媽媽一起去教會，但過沒多久，他們就不再參加，只有我跟著去。每週的禮拜活動都至少要兩小時，威利坐不住，所以爸會陪他待在家，有時整理庭院，或帶我們的狗柯利去散步。

我陪媽媽去教會時，會坐在新朋友瑪莉旁邊。我們倆坐著感到無聊又煩悶，只好摺小紙條傳來傳去。她媽媽看到後對我們皺眉搖頭並嚴加告誡，於是我不敢再寫紙條，只能一直摳內搭褲上的毛球，看著牧師站在講台上布道。

那講台上有金色的WCG圓形圖章，圓圈中央是一頭獅子、一個男孩和一隻羊，三者站得很近，下方寫著「獅子必與綿羊同居，在明日的世界，牠們必由孩童引領」（《以賽亞書》十一：六）。所謂「明日世界」，是WCG教義中的天堂，牧師和長老經常掛在嘴上。雖然教友來自許多不同的種族，但牧師和長老多半都是白人男性，也有少數黑人，至於女性則完全沒有。和我的版本相比，WCG的天堂多出了很多規則，信眾必須滿足各式各樣的要求，才能取得進入天堂的門票。

教會成為生活的指引

「太好了！」瑪莉用氣聲說。她打開精裝的讚美歌集，翻閱那如絲緞般滑順的內頁，接著找到做禮拜時要唱的第一首聖歌。「我最喜歡這首了！」她說。

「我也是。」我也用氣聲回應。

「基督戰士啊，舉步向前／如遠赴戰場般前進！」我和瑪莉一起唱，但我的聲音比較細，所以都被她的大嗓音給淹沒。坐在她旁邊，讓我覺得自己像個大人。她大我一歲，上教會的資歷比我長很多，所以只要是她喜歡的聖歌，我也都說喜歡。瑪莉身材嬌小，細疏的頭髮略帶金色。她很會下指令，而我則擅長聽話。

「你爸跟威利有來嗎？」在唱完某段歌詞後的伴奏聲中，瑪莉微微靠向我問。教會有個不成文的規定，在唱詩歌時不准亂動，也不准搖擺、拍手，只能板著一張國字臉表達敬虔……所以不該在歌唱到一半時說話。我先望向瑪莉的媽媽，確定她沒在看我們以後才冒險地開口。

「呃……沒有，」我說：「他們這禮拜待在家。」

我講得好像他們很快就會回教會，但心裡明知道那不可能。我感到很愧疚，雖然沒有說謊，但也沒有說實話。

如果你曾在嚴格的宗教環境裡扮演「乖孩子」，那就能明白，這樣的愧疚感很快就會成為常態，而你很快就會把一些不成文的規定謹記在心，像是「家人就是應該每週一起上教堂」。

即使你沒有過這種經驗，但家中有成員和其他人的發展方向不同，你應該也會很害怕。對孩子來說，家庭就像宇宙，如果有星球不按軌道走，那麼小孩又該去哪找太陽系呢？

家中所有人都聚在一起時，我總覺得內心比較安定，所以在那首關於行軍的聖歌當中，我最愛的就是第三段的歌詞——「我們永不分開，所有人都在一起，我們……」。我會邊唱邊想像著，和媽媽上完教會回家後，全家一起吃外賣中國菜當晚餐。

爸爸會拿出大摺疊桌，扳出金屬桌腳，放在起居室，然後我們會擠上沙發看電視影集《銀河飛龍》。每當閃亮銀色的星艦企業號一出現，畢凱艦長說「太空是這世上的終極邊境……」，全家人就會發出小小的歡呼。威利會跑進跑出，一邊玩他的書和玩具，跑出去後又再繞回來；企業號在廣袤、暗黑的外太空加速行駛，但我待在溫暖、舒適又安全的家。在星期六的白天，我們家會因為要做禮拜而被分割成兩半，但到了晚上，就沒有人能把我們分開了。

那天在宣講時，牧師說，一定要記住，週六是真正的安息日。他還提到，我們隸屬於「全真教會」（One True Church），能倖免於焰火之湖（Lake of Fire，是WCG版本的地獄，明日世界有多美好，這個地獄就有多恐怖）。我每次聽到這個警告，都會擔心爸爸和威利沒參加禮拜，不算全真教會的一分子，於是注定會被送進焰火之湖。光是想到這裡，我就全身膽寒，但還是很想知道。

長大以後，靈性作家凱薩琳．諾斯（Katherine North）在《神聖異教徒》（*Holy Heathen*）中的這些話，對我產生了很大的衝擊：

「這就是對小孩子灌輸教條的代價。他們會對自己的感知產生嚴重懷疑，以至於無法正確區分是非對錯，並失去判斷能力，再也無法相信自己對現實的認知……因為心中沒有明智的指南，只能按照教條依樣畫葫蘆，期望藉此得到安全感。」

當時，我並不信任自己的身心對WCG教條的反應，畢竟大家都說它們是真理、都說我有罪，所以肯定是我有問題吧？

如果你從小或現在仍在參加的教會設有極端的教條，那麼請你仔細審視那些規定。請不要理所當然地認為它們都是對的，反之要問問自己：**我真覺得那些想法對嗎？想到的時候，身心有什麼反應？內心深處是否畏縮了一下？我會希望我愛的人也必須遵守這些規則嗎？**

如果某些宗教信條令你感到恐懼，那我再提供另一個檢驗的方法。在一些信仰體系中，宗師會用狠毒、威脅的言語來制壓你，讓你覺得頭頂彷彿燃燒著地獄之火，這時你可以問問自己：**做這種事，獲益的是誰？這樣嚇我們，對誰有好處？**

循線往源頭追溯，一定可以找到答案。

兒時的我並不理解，長大後才明白：「讓人害怕」是有利可圖的，而且當時的WCG實在是把教友調調得服服貼貼。在我家開始上教會的不久前，WCG開始徵收三倍的什一稅，要求教友兩成的稅前收入要捐獻給教會，另一成則是用來換取參加教會慶典的資格；此外，在宗教節日，幹部還會要大家「隨意樂捐」。

那些錢都到哪裡去了呢？有些是成為牧師的薪水，或替小孩舉辦好玩的夏令營，但很大一部分只是讓富者更富而已。WCG的核心幹部花錢不手軟，不但在中央禮堂的牆上鑲嵌稀有的粉紅色縞瑪瑙，還購入私人飛機。反觀信眾則只能一直捐錢，捐到連生活都受影響。（我在部落格揭露這事時，有位讀者簡短的回應猶如當頭棒喝：「這根本是勒索。」）

所以請務必留意錢的去向。如果教會或其他組織試圖把你孤立，不讓你跟外界接觸，那也一定要多注意。刻意使人與親朋好友疏離，是典型的操控伎倆。如果你的社交和情緒需求必須仰賴某個團體，那就會很難脫離。

在我小時候，WCG是遵從猶太經典中闡明的七聖日，某些猶太社群也是這樣。不過，WCG更極端，規定教友必須放棄其他的「世俗」節日，不准擺聖誕樹和送禮物，就連以《聖經》為主題的都不允許。根據教會的說法，萬聖節、聖誕節和復活節都是異教徒的節日，絕對碰不得。WCG創辦人還曾在手冊《聖誕節的真相》（*The Plain Truth about Christmas*）中聲稱：「在永恆的神眼中，聖誕樹代表異教徒的作為。」

我到爺爺奶奶家過聖誕節時，看見節慶裝飾仍會忍不住暗自欣賞，但各位應該可以想像我內心的罪惡感有多深。我好喜歡門上的花圈，還有從前廳天花板垂下來的閃亮金色聖誕卡，不過，我最愛的還是那棵美麗的聖誕樹，總會趁媽媽不注意時偷瞄。樹下放了許多紅綠包裝的禮物，但根本沒有我和威利的份。親戚的小孩打開聖誕禮物時，我的胃彷彿凹了一個洞，但什麼也沒說，因為我已經知道媽媽會怎麼回應了：「我們奉召要和世人走不一樣的路，而且我們也有自己的神聖節日啊！」

每一個聖日的意義，以及神為天選之人安排的救贖，媽媽都一一說明過。她在紙上畫出了每一個聖日的示意圖並掛在前廳，希望我記下來。那張橫幅的畫紙就是生活地圖，而那些節日則是指引——一整年該怎麼過，上頭都有方法與方向。威利被診斷出自閉症後，帶來許多問題與不確定的情況，包括早期介入治療的效果、是否有替代方案以及他往後的發展。但那張紙清楚提供了一整年該走的路，雖然嚴格，但也給了我們某種慰藉。

再見，萬聖節

「異常的信念」是邪教的特徵，但並非唯一的跡象。事實上，邪教最不可或缺的要素是「控制」。無論是暗中或公然控制，邪教都會試著奪走教友的自主權與批判思考，並進而聲稱，只有該教派能掌握真理，組織外的人都不懂。此外，邪教也會採行一種自相矛盾的傳教法，一方面要信徒拉朋友來參加，但又要維護組織的祕密氛圍，總推託說一般人「不可能會理解」。

在邪教的公然或暗中操弄下，成員的世界會變小，難以接觸所謂的「外人」和他們未入教的親友。信徒的眼光越來越狹窄，只看得見教會所構築的世界，只能仰賴組織所提供的支持。跟一般人慶祝不同的節日，就是WCG離間教徒與外在世界的手段之一，而且很有效。

一段時間過後，我就開始覺得只有教會的朋友才可以信任。我會跟他們討論學校同學有多奇怪，還有我們對彼此有多麼依賴。只要是跟聖誕老人有關的裝飾，我們都棄之不用；參加校內音樂會時，我們也是只是動動嘴巴，假裝在唱聖誕歌。這種感覺有誰能瞭解呢？在那個年紀的孩子中，有誰會知道「過雙面人的生活」是什麼感受？

可想而知，萬聖節也會拉開我們和其他人的距離。我整天看著同學鮮豔的裝扮，心裡覺得迷失、被孤立，心中有一股低沉的聲音，屢屢問自己：「為什麼我不能跟大家一樣，到底為什麼？」

後來我拜託媽媽，讓我和全班一起參加國小的萬聖節遊行，就像加入WCG之前那樣，但她不為所動。

「親愛的，對不起，但我不能同意，」媽媽這麼說：「妳要記得，我們已不慶祝萬聖節了。」

「但為什麼不行？」我追問：「就只是玩裝扮遊戲而已啊！」

「小卡羅，萬聖節是異教徒的節日，不是用來榮耀神，而是讚美邪惡的巫術。我們是神選之人，妳記得吧？我們要聽從神召，遠離世俗之人。」

媽媽的口氣堅決無比，看來是不可能改變心意，於是我就意識到，自己未來的人生中，都不會再有萬聖節遊行了。她的意思很清楚：教會的規矩比我的心情更重要，而「遠離世俗之人」的伎倆也奏效了。我告訴同學「教會不讓我慶祝萬聖節」，他們說這很奇怪，也無法理解這種教條，但我也不知道該如何解釋。

我皺著眉、大膽地問媽媽：「那其他小朋友怎麼辦？他們變裝，神會不會生氣？」

「親愛的，妳不用擔心，」她的語氣變得溫和、寬慰：「神自有計劃，其他人只是還沒接收到呼召而已。不過我跟妳說，我買了一些糖果，『不給糖就搗蛋』的小孩上門時，妳可以發給他們。」

發糖果當然不好玩，還不如加入扮裝行列。但後來，我反而開始覺得自豪，邊發糖心裡邊想：「我才不要跟其他小朋友一樣變裝，做那些無知、世俗的事，我可是基督戰士。」

被抹煞的童年經驗不是小事

小孩學東西很快，適應力也很驚人，只要接觸得夠久，即使是面對再古怪的事，也都會覺得正常，甚至自在到不太對勁。偏偏邪教和其他失調的體系又不鼓勵成員與外界往來，所以他們也很難接觸到不同的想法。「在靈性層面上欠缺多元觀點」，這種狀況對任何人都有害，但發生在孩童身上時，問題會特別嚴重。有些小孩子從小就被教導，要以非黑即白的方式去思考，長大後便難以改變思維模式。不過別擔心，人並非不可能改變，我每天都在告訴客戶，只要創造新的神經迴路就可以了，但必須花時間練習。

我的故事比較特別，不過大家應該都知道，要面對異常的環境並不容易。無論是與親友相處、參加宗教團體或處於某種文化下，大家都曾陷入控制性的惡性關係。各位可能會覺得這是廢話，但我還是要再次強調，這個經歷有多麼令人難受。我一直問自己，為什麼沒能早點看清楚，並為此陷入自我折磨。有時，我甚至會忍不住會認為，除了我們家人以外，不可能會有人相信邪教。這種以神的旨意為名、但其實根本是垃圾的瘋狂教派，其他人應該早就看穿了吧。

事實上，雖然WCG教我非黑即白，我也沒辦法武斷地說，上教會的經歷全無可取之處。布道的時間確實很長，教條也很令人鄙夷，但我喜歡跟朋友講悄悄話，或是等到禮拜結束後，在廳堂裡跑來跑去、宣洩精力。我喜歡認識膚色不同、有獨特故事可以分享的人，喜歡和他們建立深層連結，即使不必多說什麼，感覺仍像家人一般。我也喜歡身在神聖的氛圍中，所有人一起唱歌時，那樣的感受總是特別濃烈。

不過我之前也說過了，人的適應能力是很強的。

瑪莎．貝克在《遠離諸聖》（*Leaving the Saints*）中說得很好：

「雖然邪教的做法稱不上奴役，但卻是很有力的束縛。他們宣稱，神命令你要緘默守密，而宗師的指示絕對大於個人的是非判斷。各種知覺與感受都必須符合教理的規定，無論那些要求有多麼不合理。」

我花了二十多年，才終於發覺那一切讓我變得多麼瘋狂。明明只是個想玩「不給糖就搗蛋」的小孩，卻把自己想成基督教戰士。我在三十一歲時，才突然領悟到這點。當時我和一群新朋友做完團體諮商後一起離開，其中有人提到兒時上教會的離譜經驗，我一聽之後馬上覺得心有戚戚焉。跟他們在一起很有安全感，所以即使沒有人問，我也很自然地分享了起來。

我把WCG的事告訴大家，說萬聖節這類的日子源於異教傳統，所以被視為「不當的」節日，也有提到教會要我們不能當「世俗之人」。

我說：「以前還可以變裝玩『不給糖就搗蛋』的遊戲，結果參加教會後就不能去了。但我爸媽還是想跟鄰居保持友好關係，所以就派我去發糖果給那些來敲門的小孩。」

我說話時看著地上，沒想到一抬起頭，就發現所有人都在看我。

我最信任的那個男子先開口，他鏗鏘有力地說：「這太誇張了吧！」

他的反應嚇得我眼睛睜得好大。我對這段記憶已很熟悉，所以沒有想到其他人會如此震驚。在那個當下，我才發覺自己堆積了多少童年經驗來發展成應對機制。「你真的這麼覺得？」我問道。

「對啊，」他說：「叫小孩在萬聖節發糖果給其他小朋友，卻不讓她親自參加遊行？這太糟糕了啦，根本就是錯誤的做法。」

其他人也都點頭。這些朋友面臨過毒癮、憂鬱和性虐待等難題，可說是見過大風大浪，如果他們覺得誇張，那我的教會肯定很不正常。我一一觀察大家的表情，發現每個人既憤慨又憐憫。

「我甚至還沒說到聖誕節的事呢……」我心裡這麼想。

那瞬間我似乎開了竅，突然能夠理解朋友的反應，對整件事也有了截然不同的想法——錯過那些佳節的體驗，其實是很嚴重的事。我的罪惡感不見了，反而感到一種健康而正當的憤怒，想為當年的那個小女孩生氣、大吼、砸東西。那個女孩沒有聖誕樹，也不能變裝，只能在旁人的慫恿下，把自己當成基督教戰士。

「你說的對！」我的聲音越來越大、越來越有力。「真的，」我深吸一口氣後這麼說：「他們真是太糟糕了！」

在那個當下，只有堅定的話語能讓我解脫。長年以來，我不斷忽視、掩飾自己的痛苦經驗，並試圖以正面的心態解釋一切。但說出自己的不滿後，我的心情馬上就輕鬆、寬慰許多。我承認，從小時候就很熱愛變裝遊行和聖誕樹，長大後也一樣！**允許自己正視心中真正的想法，是多麼美好！**我童年時錯過了許多體驗，這是非常嚴重的事。

我掙脫了教會的集體氛圍，放下基督戰士的幻想，開始擁抱自己真正的想法。我看來有點叛逆，但感覺好極了。那瞬間，我才發現我不欠任何人，誰說一定要效忠宗教團體？我忠於自己就好。

一步步放下罪惡感

若你老是犯一點小錯就覺得很有罪惡感，但卻不太會替自己感到憤慨，那麼請容我安慰你一句：這樣是很正常的。錯誤的罪惡感是一種生存機制，也是為了適應創傷而發展出來的反應。若你心裡的「罪惡感量尺」太長，那你就很難好好地自我關懷，並與人劃清健康的界線；你總是會被強烈的罪惡感侵襲。

加拿大醫生嘉柏・麥特（Gabor Maté）在《當身體說不的時候》（*When the Body Says No*）中談到：「對許多人來說，罪惡感是一種徵兆，當他們為自己付出時，就會浮現那種感覺……這時應該要對自己說：『太棒了，哈利路亞！為了幫助自己改變，我做了正確的事情，才會有這種不自在的感覺。』」

幫助我最大的，是我們去買禮物那天，強納森那席話帶給我的領悟：既然我的罪惡量尺不可靠，無論做什麼都會有罪惡感，那我還不如做些正向的改變！與人劃清健康的界線，好好照顧自己。

結果我發現，我根本沒必要讓錯誤的罪惡感控制人生，而你也不必。你可以去體會自己的愧疚感，努力熬過去，然後練習做出不一樣的選擇。你可以承認並允許罪惡感存在，甚至謝謝它為以前的你帶來安全感。然後放下過去，去做些現在的你真正想做的事。

如果你怕罪惡感會加重，那也沒關係，等做好準備時，再允許自己溫和而慢慢地練習。關於內在的功課，我最欣賞的守則來自美國作家安．拉莫特的小說《藍鞋》（*Blue Shoe*），書中有一位諮商師這麼說：「要用怎樣的速度前行，取決於你在走得最慢時，能夠走多快。」

所以，若你怕愧疚感會加深，那麼請練習以仁慈的態度，對待感到害怕的那個你。若心裡的聲音說「現在就趕快給我改變」，讓你感到壓力山大，也要記得溫柔地照顧那個心急的你。請容許內心有不同的聲音，要是企圖壓抑它，情況只會更糟。

你必須做的，是想像你把膽小的自己抱在懷裡。

這時，你會體驗到一種神奇的美妙感受：你重拾了一股以為再也找不回來的魔力。

至少我是這樣變好的。那天強納森在賣場分析了我的罪惡感及自我懷疑的模式後，我們仍買了那些銀色小球，然後掛在祖母留下來的人造聖誕樹上，還換掉已燒壞的燈，在假松針上掛了新的。在我退後一步，凝視那幅美景之際，我心裡是這麼想的：「親愛的聖誕樹啊！以前大家都叫我離你遠一點，說你輕浮又沒必要。從樹枝上的褪色標籤來看，你也身價不凡。在我眼中，你實在好美。」

兒時在WCG花了大把時間，所以我看到什麼都能聯想到《聖經》裡的段落。在我端詳聖誕樹的當下，我想起《馬太福音》裡的故事。有個女人把一整瓶昂貴的香膏倒在耶穌頭上，一旁的信徒看了很生氣，說香膏應該要拿去賣，得到的錢再分給窮人。如今全都「浪費」在耶穌身上，也太墮落了！同樣地，當下我只覺得，這棵聖誕樹實在太美了。

我露出微笑，想起耶穌對批評她的人所說的話：「放過她吧……為什麼要罵她呢？她替我做了一件很美好的事呀。」

我回想自己在賣場裡的心情，然後聽到神靈這麼說：「罪惡感，趕快滾出去吧！你為什麼要煩卡羅琳？她只是想完成一直以來的心願，跟丈夫一起裝飾聖誕樹而已。她正努力地放下過去，想替現在的生活創造一些快樂，所以你就放過她吧。她做的這些，是很美好的事啊！」

盡信神不如信自己

如果你跟我一樣，是惡性宗教或家庭環境下的倖存者，而且仍保有完整的靈魂，那你想必也曾為了維持理智，而不得不把某些祕密藏在心裡。在殘缺的生活中，我們必須沉默地懷抱夢想，盼望情況終能改善。

雖然我曾遵循WCG的生活規則，也全心接受其教條，但心中的真理泉源還沒枯竭。小時候，我夢想中的天堂，是一個人與人之間沒有藩籬的地方；在那裡，我和弟弟可以完全瞭解彼此。當時我並不知道可以忽視外在權威，只要相信心裡的純真願景就好；多年來我也一直沒發現，其實忠於自己就好。不過，那次在諮商後跟朋友聊完天，我的人生便出現十分關鍵的轉變。我寫出童年過節時的感受，還有其他真正的體驗與感覺，不再擔心他人是否因此而受傷。

在這過程中我瞭解到，媽媽是因為威利的診斷而加入WCG，但也多虧有威利在我身旁，我心中才能保有一絲小小的懷疑——那種心態就像健康的種子，讓我在遵守死板教條的同時，依舊感到不解：「如果人必須遵從所有的規矩，才能獲得救贖的希望，那我弟弟怎麼辦？這些教條這麼複雜，就我所知，他根本都看不懂啊！」有某部分的我堅定地認為，如果神不肯照顧我弟弟，我打死都不信祂；也就是這樣的意念讓我瞭解到，萬聖節想跟同學一起變裝並沒有錯。

長大後，若能不時探訪內心仍保有真理的角落，一定會遇到令人驚喜的美好事物。你才了解到，神（也可以稱做聖靈、宇宙、女神等，只要你感覺對就好）從來沒有要你假裝毫無弱點，而且還會因你誠實而以你為榮。仔細聆聽，你會發現那個神靈很在乎你受過的傷，也希望你能享受美好的事物，不管是萬聖節變裝、聖誕樹或外賣中國菜都一樣。你會聽見一股值得信賴的聲音說，你並不是什麼天命神授的戰士，只要盡情當個小孩、好好地享受「愛」就行了。

告訴我們「生命在哪，你就去哪」的，就是這股聲音：「即使生命帶你走的方向，和外界教你的不同，即使在你被教條制約的腦海中，這句話聽起來像異端邪說，也請務必追隨你的心；真理在哪，你就往哪裡去。」

不欠人練習

第二式：自動書寫

這項練習的力道很大，在情緒強烈時進行，效果更是明顯。我在 The Clearing 等機構看過各種版本，但大體而言，這個方法類似茱莉亞．卡麥隆（Julia Cameron）在《創作，是心靈療癒的旅程》（*The Artist's Way*）中提到的「早晨書寫」。

自動書寫很簡單：拿一支筆和一疊空白的紙，設好計時器後，連續寫十五分鐘。這段時間內手不能停，只要是心裡想到的，全都得寫下來，沒有什麼限制，只要手有在動，而且有寫出東西，那就代表你做得沒錯。把一切都宣洩到紙上，不要有所保留。內心怎麼想、有什麼感覺，就通通寫出來，真實地寫出你的體驗，寫出你當下真正的心思與念頭。

時間到以後，請直接把紙張銷毀，不要去讀。我個人喜歡用燒的，不過為了顧及安全，我會把紙張拿去泡水，浸爛後撕成碎片。一寫完就把紙摧毀，在此前提下，我身心感到很自由，更敢於毫不修飾地寫出真實的感受。各位不妨也試試，體會一下解放的感覺。（編按：關於自動書寫，可進一步參閱麥可・山德勒著，《開啟多重宇宙的自動書寫法》。）

第3章

救世主情結

現在的你，是否仍成癮般地討好他人，把別人的需要、髒衣服和職涯，看得比自己的創意與靈性還重要。你是否覺得這樣的狀態有一點點的不妥？你把生活中的所有力氣都耗費在「幫助」別人，想給大家留下好印象，但你這麼做，其實幫不上什麼忙。

拉莫特，臉書貼文，二〇一四年五月

親愛的讀者，我知道你做得很多，很努力，而且從不偷懶——對你來說，那可是會被天打雷劈的事。你會把每天要完成的任務寫成清單，即使遠超過你能力所及，你還是會一一執行，就像訓練有素的士兵。

清單上的某些事，你是真的喜歡、也認為很重要，尤其是能幫到助別人（不過幫人洗衣服就有點超過了）。每次有人開口，你都會答應：帶領志工團隊，打電話給陷入危機的朋友，還會寄個禮物表示關心。確切而言，這些事情都需要付出心力，偏偏你又暗自覺得很疲憊。你之所以精力耗盡，倒也不是因為清單上的事項太多，而是你看待這些事的心態：你認為一切都是你的責任。

企圖拯救全世界，會使你心神耗竭，元氣大傷。

你覺得這世界需要救世主，而你應該挺身而出，所以一再繼續付出，行善做好事，而不管自己有多麼疲憊。但另一方面，你對自己卻不是這樣，就算心力交瘁，也不會仁慈、溫柔地對自己伸出援手。拯救別人是一條看不到盡頭的路，所以你只好犧牲自己的休息時間。其實你暗自希望能忙裡偷閒，像是睡個午覺、埋首書堆，或是盯著窗外，慢慢地啜一杯茶。但這些事感覺都太奢侈了，畢竟你還沒完成任務呢！你欠全世界一個救世主，可沒有時間偷懶！

當你認知到自己的狀態有問題，就會急著想找出解方，但請記得不要給自己太大壓力，就算只是片刻都好。在這個當下，知道問題存在就已經足夠了。請允許自己單純地去觀察、去感覺，從而體認到自己心急又過度努力，太想掌控一切，渴望解決問題、拯救他人。

你可能不覺得這算什麼進展，但其實只要給自己一點點的空間，就已經是有力地向前邁一大步了。

如同我先前所說，如果你在生活中已有好一段時間，以救世主模式全速衝刺，那反而會覺得壓力很有撫慰效果。畢竟你對壓迫感很熟悉，雖然感到身心枯竭，卻仍可以從中找到深層的安全感。這樣的模式很刺激，會讓人感到自己很有力，就好像在試探要開到多快才會出車禍、油箱快見底時還能開多遠。

但若你知道該如何放慢腳步，或偶爾停下來，看看人生會是什麼模樣，那也許就能放過自己，以從容不迫的態度生活。你不必急匆匆地想要拯救世界，也許你能拯救的，其實只有你自己的人生。

家庭系統理論

想改掉當救世主的習慣，不妨先瞭解自己的腳步怎會從漫步變成疾行快走。

因此，我想先探討家庭系統理論（Family Systems Theory）。這個理論是由莫雷・包溫（Murray Bowen）醫師提出，他認為家庭是「情緒單位」，家人彼此相連、互相依賴，只要有人發生變化，其他人也必定會有所改變，只是程度可大可小。有人沮喪時，其他人都感受得到。久而久之，恐懼、焦慮和壓力就會變成集體性的感受了。

發生這樣的情況時，情緒單位中會有一兩名成員「站上前線」，負責承擔情緒上的責任。

「這些成員會做出最大的調整，緩解其他成員的緊繃狀態，」包溫中心（Bowen Center）的網站上這麼寫：「這是一種交互作用的關係。舉例來說，家人對某位成員抱有不切實際的期待，而導致他過度承擔大家的失望心情。有時，家人總是焦急地告訴他該怎麼做，而令他喪失思考與決斷能力。基本上，調整最多的人會『吸收』整個家庭系統中的焦慮感，所以會是家中最容易有憂鬱、酗酒、外遇或疾病等各種問題的人。」

這種適應行為是很危險的，但每個人的適應方法不同，所以可能很難察覺。舉例來說，有些孩子會表現優異、追求完美且過度負責，但其實內心藏著恐懼與悲傷。有些家庭失能研究者稱這樣的成員為「家庭偉人」或「模範生」，不用我說，各位應該都知道，小時候的我就是這樣的角色。

某些小孩在面對家中的焦慮時，也會以其他方式回應，像是故意反叛、搗亂（「代罪羔羊型」）、跟家人疏離並與現實脫節（「迷失型」），或是不斷開玩笑討好大家（「丑角型」）。無論選擇哪一種角色，這些孩子都是想盡辦法地在減輕家中的痛苦，以自己的方式解決問題，並且幫助、拯救大家。

我們在人生中，可能都曾扮演過這些角色，問題是有些人會入戲太深，相信那就是自己真正的身分。要想探究家庭關係失能的狀況有多嚴重，最有效的方法就是問問自己：「家中的成員是否能自由變換角色？」如果成員非得符合角色設定，如模範生不能失敗、代罪羔羊不能成功，那麼這個家庭系統很可能有問題。

在成長過程中，你是否曾覺得自己很早就被選去扮演某個角色，然後就再也無法掙脫了呢？

被教會拖著前進

「媽，爸沒有跟我們去教會，那我們去明日世界時，他可以一起去嗎？」

八歲的我已經該上床睡覺了，但我真的很想知道答案，所以還是鼓起勇氣，穿過走廊去問了媽媽。那時，她正坐在床上讀那本大書《生活應用研讀本聖經》（*Life Application Study Bible*），一點都不出我所料。

我問完後，她靠過來抱我。我聞到她的味道，其中有臉部乳液，但也有她那股難以捉摸的氣息。

她說：「卡羅琳，妳不用擔心這個，我來告訴妳為什麼。」她翻動《聖經》白色輕薄書頁，然後大聲朗讀：「不信的丈夫已因妻子而淨化，不信的妻子已因丈夫而淨化，如此一來，你們的孩子也將洗淨，否則他們將會不潔。」（《哥林多前書》，七：十四）

接著，她做出結論：「所以囉，雖然我們希望爸爸也去教會，但就算他沒去，你也不用擔心神不救他，知道嗎？」

「好，」我想用手指捲頭髮，但只是摸摸床單。媽媽叫我要改掉緊張時就繞頭髮的習慣，所以我很努力地克制。「謝謝媽媽，晚安。」

「親愛的，晚安！小卡羅，妳是我最愛的女兒，我愛妳。」

「我也愛妳，妳是我最愛的媽媽。」

媽媽的話讓我安心了一些，但也帶來了新的問題，只不過我沒有再回去問——模範生不能這樣，應該要一次就搞清楚才對。

如果爸爸得靠媽媽才能獲救，那為什麼他在家裡最有分量？平常我很少敢跟媽媽爭論，但如果我真的頂嘴，爸爸會把我叫到他的書房，很嚴肅地跟我討論，要我解釋自己做錯什麼、為什麼錯。我幾乎可以看到卡通裡的對話泡泡從他頭上冒出來，裡頭寫著：好爸爸就是應該要教孩子是非對錯。他訓話的方式用在叛逆的小孩身上應該很有效，但我只要走到他的書房，準備要討論我那天犯的錯誤時，就已經覺得自己十惡不赦了。羞恥感讓我走得搖搖晃晃，爸爸失望的模樣更是讓我難以承受。每次要去聽他訓話，我都好想逃走，就像威利那樣。

還有，如果我們都是因為媽媽才得救，那是不是代表她還沒上教會前，全家都很不潔？或者說，她從以前就努力地恪守所有戒律，該禁食時都有照做，所以才能拯救大家。但如果真是如此，那麼她有時間休息嗎？

信WCG好像玩彈跳拼圖一樣，就看誰能最快把每塊拼圖都放進正確的洞裡。只要有一絲遲疑，或手滑了一下，就無法在時間內完成，然後托盤就會彈起來，而四散的拼圖就是最直接的審判：你不夠快、不夠聰明、不夠好。我始終那麼匆忙，深怕自己會失敗，卻沒能停下腳步，問問自己這個遊戲到底值不值得玩。

打斷手骨不會變得更強壯

內在的核心思維會顯現於外在世界。如果腦海中有股聲音反覆說你「不夠好」，那不久後，你也會開始認為自己真的有問題。大概在彈跳拼圖開始流行的那段日子，我摔斷了手。我當時三年級，跟朋友在前院狂奔，追著柯利玩得很開心，結果兩人都跌在草皮上，朋友的膝蓋剛好壓到我的手。我感覺到左前臂有骨頭斷裂，一陣劇痛，心裡也很害怕。

我倒抽一口氣，艱辛地從草坪上爬起來，開口的第一句話就是：「我的手斷了。」媽媽跑了過來，「親愛的，妳怎麼跌倒了，還好吧？妳的手看起來沒事啊！怎麼會說斷了呢？」

「我有感覺到，應該骨折了。」我也只能這麼說。

「骨折？怎麼可能！」媽媽歪著頭說：「拜託，我有看到，妳只是小小地跌了一跤，最多就是扭到而已吧。但我覺得那也不嚴重，冰敷一下就好了。」

說到這裡，我們剛好可以澄清關於創傷的一大誤解。許多人會以醫學術語來理解「創傷」，以為它專指嚴重、令人痛苦的身心傷害，像是手臂骨折。不過我後來瞭解到，隱性的傷痕也是創傷。明明跌斷了手，但你所信任的家長卻說沒有，也是很令人痛苦的，只是痛法不一樣。這種內隱式的傷痕通常會無聲地出現：你接收到某些訊息，開始認為自己的想法與感覺不可靠。這種創傷所帶來的危險，並不會在某個剎那或單一事件結束後就解除，反而會在你難以察覺的情況下，慢慢侵蝕你對自己的信任與信心。跟一次性的骨折比起來，它會日復一日地施加小傷，緩慢地榨乾你的生命力。

心理醫師暨作家瓦樂莉・萊恩（Valerie Rein）是這樣定義創傷的：「當你完整展現真實自我時，某件事情讓你感到危險，你只好發展出創傷適應行為來自保；那麼創傷就出現了。」

瞭解廣義的創傷後，再回頭審視自己的人生，各位會有什麼感想呢？是不是開始發現，自己是如何找藉口來合理化那些真實的傷痕？

舉例而言，你是否曾說出心裡真實的想法，卻馬上被大人斷然駁斥？你對現實的理解是否曾被信任的長輩一概推翻？

如果有的話，那你應該知道，這時心裡會馬上想解決這種認知失調的窘境。「他們一定是對的，」你大概會這麼想：「所以一定是我的問題。」

我摔斷手後，媽媽說我搞錯了，於是我開始懷疑自己前一刻還深信不疑的事。我對此事的看法也馬上就翻轉了，我心想：「雖然會痛，但手臂看起來的確沒事，再說我不久後又要表演舞蹈，手上的石膏跟表演服多不搭啊！就這樣，我全力地說服自己，手其實沒斷。

媽媽替我冰敷時說：「冰了以後會好一點，如果還是會痛，明天放學後再去看醫生，沒事的。」

「但……」我開了口，卻沒把話說完，其實我想說的是「現在真的很痛」。WCG不鼓勵教徒看醫生，而是由教會領袖替生病的人抹油、禱告。每年，媽媽都會請我轉交一份文件給老師，詳細說明我因為信教，所以不需要打各種常見的疫苗。媽媽會主動提起看醫生的事已經很稀奇了，因此我沒有再表示手臂有多痛。

隔天，媽媽替我把手臂固定好，送我去上學，但我左手實在很難握住鉛筆，所以無法完成課堂上的作業。媽媽下午來接我時，我坦白說出了事發後的真實感覺：「媽，對不起，但我真的很痛。」

「真的嗎？」她皺眉說道：「好吧，那也只好去看醫生了。」她決定退讓。

到了急診處後，媽媽把她的想法告訴護理師：「我女兒昨天跌倒，她覺得手有骨折，但其實摔得不是很重，所以我們只是想檢查一下而已。」

護理師點點頭，接著把我送去照X光。一陣短而沉悶的嗡嗡聲後，我等了一小段時間。最後，醫生拿著X光片走進檢查室，並把它夾在牆面的螢幕上。「哎，很明顯是骨折了，」醫生用一種近乎振奮的語氣這麼說：「小妹妹呀，妳說對囉，來替妳上石膏吧。」

我深吸一口氣，心想：「我就知道！是真的斷了。」

「啊！真的嗎！但她跌倒時我有看到……感覺不是太嚴重啊！」媽媽結巴地說。

「媽，沒關係的，」我說：「妳說得沒錯，看起來不像骨折，只是我有感覺到而已。」

如果你小時候也曾扮演救世主的角色，那你肯定知道我會說那些話，是因為我生命中的首要原則就是：絕對不能讓爸媽不開心。在家長的作為或不作為下，這樣的孩子受傷時，還是會本能地裝作雲淡風輕，在他們眼裡，保護父母不被真相傷害，是自己的責任。

透過藝術治療創傷

在孩童時期，為了保護家長，我們會忽略自己真實的感受與想法，但不知道該如何排解，所以痛苦就一直深植心中，鬱積多年。

透過藝術這個媒介，我們就比較有機會讓心底的真相浮現。許多親子諮商師會鼓勵孩子把感覺畫出來，也有不少人會透過唱歌或跳舞來自我療癒。受限於年紀或恐懼，我們說不出來的話，就可以透過藝術表達出來。

你也不一定非得親自創作不可。如果你正試著揭開過往的創傷，或是正因現下的痛苦而掙扎，那你也許需要其他藝術家的協助，看他們如何走過痛苦的低潮卻沒被打敗。作家溫特森說得很好：「困在深度的創傷中，我們都會猶豫、結巴，說話時停頓很久，想要講些什麼卻吞吞吐吐。這時，我們可以透過別人的語言，找回自己說話的能力——不妨讀讀詩、看看書，因為已經有人替我們探究過該如何表達了。」

所以，如果你有事悶在心裡，不知道該怎麼說，不妨深入探索和你有過相同經歷的人所創作的藝術；等準備好以後，再開始自己構思、揮灑一番。

不過，有件事我必須提醒：請不要把作品分享給當初傷害你的人，至少不要馬上。我不是說永遠不能發表或分享（如果是這樣，你現在就讀不到這本書了），但如果你還沒準備好要面對旁人的反彈，那請自己先收著就好。我也是經歷過慘痛的教訓，才學到了這一課。

點燃地獄之火

幾個月後，我的骨折好了，石膏也早已拆掉。某天放學後，我一如往常地縮在扶手椅上看書，媽媽則快速翻閱我的作業和考卷。

「卡羅琳，請過來一下。」媽媽中斷了我的專注力。她的語氣聽起來既緊繃又壓抑，使我倒抽了一口氣，開始思索自己是不是做錯了什麼，但就是想不到。我走進廚房，看見她站在流理台旁，拿著我的作文簿。「妳寫這是什麼？」她邊問邊指著某個段落，內頁都被她捏皺了：「唸出來！」

「我左手骨折，」我唸道：「三天後，爸媽帶我去看醫生，上了石膏。」我困惑地抬頭看她，不知道這是怎麼一回事。

她雙頰漲紅，兩眼燒著熊熊烈火。「卡羅琳！妳在想什麼啊？根本就不是這樣。」媽沒有吼，但我聽得出她話中的憤怒。「妳跌倒後不到二十四個小時，我們就帶妳去看醫生了！」她吆喝道：「妳怎麼可以這樣寫？是要讓老師以為我們沒在照顧妳嗎？」

我被她的反應給嚇到了。我原以為會和平常一樣，因為拿高分而得到讚美，結果卻招來一連串我根本答不出來的問題。我寫那篇作文時，並沒有想傷害任何人的意思，只是很投入，感覺對了就順勢寫出來而已。

我著急萬分地想找出原因，解釋我為什麼會犯這樣的錯。WCG說，神的子民通常必須等待三天才能獲救；約拿在大魚腹中困了三天，耶穌也在墓裡待了三日，三就是從凋零到重生所需的標準天數。「我可能是把現實生活跟《聖經》搞混了吧。」我心想。

「我……媽，真的很對不起，我不是故意的，我搞混了……」

她根本不聽我說，「妳到底有什麼毛病啊？妳是故意的嗎？」

我僵住了。她怎麼會這樣認為？我從來沒想過要故意那樣寫。我的手緊緊握著廚房餐椅的椅背。我去年生日時，媽媽在那張椅子上綁了兩顆氣球，還做了我最愛的香草蛋糕，撒上彩虹巧克力米，讓我跟朋友一起慶祝。面對盛怒的她，我覺得那快樂時光已好遠好遠。

她提高音量，對我大吼：「妳是希望學校或警察來找我跟爸爸麻煩嗎？妳希望我們去坐牢是嗎？妳想要這樣嗎？」

「媽，不是這樣的。」我的聲音細到幾乎聽不見。恐慌感在我胸中升起，就像小鳥在飛：翅膀胡亂震動，混雜著紛亂的羽毛與恐懼。

「給我回房間去！」她怒吼道：「作文簿留在這裡。」她嘆了口氣，看起來沮喪至極地搖搖頭，「弟弟已很會找麻煩了，妳明知如此，卻也有樣學樣。實在是太令我失望了！」

被趕回房間後，內心覺得世界末日快來了。牧師在布道時常提到《啟示錄》記載了末日那幾天的情景，而我不斷想起那個畫面……

討厭自己又希望凡事做到完美

我們這種救世主型的小孩被家長懲罰、推開時，總會責怪自己，認為自己犯下大錯、做了不可原諒的事、說了不該說的話、沒扮演好自己分配到的角色，揭穿了不能說出口、也不能寫下來的事實。

但我們又能怎麼辦呢？溫特森說：「沉默致使家庭不快樂，所以我必須發聲。但打破沉默的人永遠無法得到原諒，所以必須要學著原諒自己。」

媽媽為了那篇作文而吼我，但我並不知道該如何原諒自己。雖然細節跟事實有些出入，但我也只不過是打破沉默，寫下了我對骨折事件的真實感受。可是，我卻不曉得該如何對自己寬容。

不知道要怎麼原諒自己，我開始感到困頓、害怕，腦子也死命地轉，想要制定出行為守則，以免往後再次受到同樣的懲罰。我的思考模式變成：犯錯的人不值得愛，所以我絕對不能犯錯，一定要表現完美才行。後來我又覺得，這全是我的問題，都怪我把事情記錯。我記性很差又不可靠，所以不能相信自己。

我們在兒時就養成了這種矛盾的想法，即使是長大後仍繼續被制約：每件事都要做到完美無缺，而且絕對不能忘記我本質上有一堆缺點。

教會分裂

要想掙脫救世主情結，首要步驟是要讓自己感受到內心的苦痛。你當然不必為自己增添不必要的痛苦，而是允許自己去體察潛藏在表面下的傷痛。

你得實際體認到內心的傷痛，所以請不要像平常那樣，一發現問題就急著想解決。要想做出重大的改變，就得花些時間體察自我生命的真實狀態，並仔細觀察、注意自己是否有矯正、拯救他人的舉動。你要找的是不易察覺的細節，譬如你跟某些人在一起時，心理上會很有壓力，希望能掌握對方的情緒反應，避免他們不開心；又或者說，你會和某些人保持聯繫、不時碰面，只是因為害怕把關係放掉會造成不良的後果。

如果你有這種想要干涉他人生活的衝動，不妨問問自己：「這究竟是怎麼一回事？我為什麼要干預別人的生活，是不是因為想逃避自己生命中的什麼事？」

一般而言，人都會避免再次經歷過去的痛苦。我們不希望讓別人生氣、失望，不然又會被從前的羞恥感給纏上——那種感覺真的很糟糕！如果你也是這樣，請允許自己以緩慢的步調練習，一次體察一點痛苦就好；此外，也要練習用愛滋養心中受傷的那些角落。這就好像情緒急救一樣，能把傷口中的毒素都清乾淨，讓你可以開始療傷。

你心中應該有一股制約性的衝動，會讓你想要無視過往的傷，假裝那些事並沒有什麼大不了，但在這項練習當中，你必須抵抗那股衝動。不去療傷、還忽視傷痕的嚴重性，就好像皮膚被刮破後說「只是擦傷」，決定不要消毒。雖然一開始只是小傷，往後卻有可能感染到細菌，造成更大的問題。

這點我可以保證，因為我十歲時就親眼見證過，WCG的領導階層是如何忽視老教友所承受的情緒傷痕。他們對信徒的「靈性傷痛」視而不見，更企圖以粗糙而表面的手段來治療深層的創傷。

一九九五年初，WCG歷經了大人口中的「變革」，簡單而言，就是長老決定不再遵從舊約教會的信條，要轉型為新約教會。換句話說，我們多年來努力遵從的嚴格教條都將正式廢除。轉型後，WCG會變得比較像主流的基督教會，多談耶穌基督的事蹟，少談聖誕節有多邪惡。總牧師錄了一段布道內容，語氣憤慨，大談教會分裂。但有不少教友因轉型而受到創傷，總牧師卻沒有一絲理解與同情，反而還暗示他們應該要克服討人厭的受傷心態；能脫離舊教條，信徒應該要很開心才對，當然不該質疑做出決定的教會高層。後來，其他牧師也氣憤地附和總牧師的意見。當年我聽著那些牧師吼來吼去，心裡只覺得：「大家可以不要再嚷嚷了嗎？不如，把『好好說話』訂為新的教會規定。」教會分裂後有大批信徒離開，我現在完全可以理解，但當時我跟朋友只覺得奇怪，大人為什麼反應這麼激烈啊？

情竇初開的考驗

教會分裂後，跟我年紀相仿的女孩子變少了，留下來的幾個人就自然地集結在一起。滿十三歲那年，我、譚米、艾娃跟曼蒂開始說我們是彼此「最好的朋友」，這個封號讓我興奮不已。來自紐澤西的我們都只是笨拙靦腆的青少女，瀏海剪得很尷尬，還戴牙套，身穿Limited Too的T恤。不過，當我們一起飛到蘇格蘭參加教會營隊時，都覺得自己很成熟。那年，以前也有上教會的瑪莉在倫敦某個巴士站的停車場跟我們碰面，聊到她前一年在營隊認識了哪些人。

「一定要去認識樂團的那些男生！我對天發誓，妳們一定會迷死的，他們實在是太帥了。欸，等等，抱歉，我收回剛才那句對天發誓，神啊，對不起！」她往天空看了片刻。在WCG，立誓或是說出「發誓」這個詞都是有罪的。

「我不是故意要發誓的……啊，那是湯姆。」她邊說邊指向另一群人當中的一個男生。「他比我大，應該是十五、六歲吧？總之，他真的很有趣，但也滿狂野的，」她說到最後那兩個字時，聲音沉了一些。

那年十三歲的我覺得湯姆看起來既成熟又好有活力。當時我身在一個毫不浪漫的停車場，四周飄滿巴士的廢氣，但心裡卻劃過一道光火，燃起了渴望。

不過我並沒有要找男友，雖然我這輩子第一次覺得墜入愛河，但愛的其實是營隊本身。除了一大堆會咬人的小蟲，營隊的一切都讓我全心愛上。我喜歡在早晨穿過積了露水的草坪去吃早餐，在晚上的合唱時間用盡全力地大聲歌唱；喜歡聽大家不同的口音，還有「太美妙了」（brilliant）和「棒透了」（well done）等這些我不熟悉的英式用語。我喜歡當外國人（參加者多半都來自英國，讓我有生以來首次覺得自己好像有點酷），也喜歡站在羅夢湖畔（Loch Lomond），感覺自己和那個陌生的地方有深刻的連結。

不知道是幸運還是不幸，我和湯姆的房間配成「友好宿舍」，我們很快就聊了起來。他邀我一起參加營隊最後一天的正式晚宴，我當然也答應了。

隔年又再參加營隊時，只要有空閒時間，我和湯姆都會一起待在沙灘上，笑鬧著打水漂，但我們沒有獨處，因為那區有負責人在巡邏，以確保營隊成員沒有在「親熱調情」。某個星期六早上，湯姆要彈吉他給我聽，有個管理人員走過來說：「你們兩個，可以分開一點嗎？」

我馬上移了一兩公尺，但湯姆動都沒動。他原本在彈「深藍色事物樂團」（Deep Blue

Something）的〈第凡內早餐〉（*Breakfast at Tiffany's*），這時停了下來，但手仍按在吉他的金屬弦上，「為什麼？我們又沒做錯事。」

那個人只是咕噥了一句：「保持一點距離就是了，知道嗎？」

我難為情到極點，幾乎不敢看湯姆，那時我們根本連牽手都還沒呢。不過他卻絲毫不覺得尷尬，「很誇張欸，他就沒別的事情可以做，非得來煩我們不可嗎？」

「對啊。」我低聲回答。「我們」這個詞由他說出來，有種獅王般的勇猛、壯美與霸氣，讓我愛得要命，但也感到十分恐懼。

後來，我和湯姆靠著朋友幫忙傳情，開始了遠距離戀愛。當時Skype還沒出現，甚至連Email都沒有，所以我們只能親手寫信寄給對方，每週講一次電話。

但說到戀愛，媽媽可是非常不同意，其實就算只是看電視劇，她都覺得受不了。每次螢幕上的情侶開始熱烈親吻（如果是進房間的話更糟），她就會撇開頭說：「天啊！到底夠了沒！」

而我則會畏縮地拜託她：「媽，可不可以……請妳不要這樣？我們就不能好好地看電視嗎？」然後大家就會陷入沉默。如果當時家裡的氣氛比較緊繃，她就會說：「卡羅琳，這是我家，電視也是我的，我想說什麼妳管不著，不然就乾脆不要看這節目，妳覺得怎麼樣？」

她可能想阻嚇我，避免我發生婚前性行為，如果是這樣的話，那她的策略確實有效。我對初吻既期待又擔憂，心裡會浮現媽媽看電視時的嫌惡表情；她撇頭表示反對，那個模樣總讓我很害怕。不過，我生活的重心確實有所改變：我越來越重視跟湯姆的感情，對於當不當模範生，反倒沒有那麼在乎了。

爸媽也有感覺到這樣的轉變。後來，我拜託他們讓湯姆來看我，但掌握決定權的媽媽直接拒絕。她不僅不讓湯姆住我們家，還說就算寄住在美國朋友那，也禁止我們見面。但我們在營隊時，明明也都有互動，一旁也沒有家長監督，媽媽的態度根本不合理。我這輩子總是被媽媽趕回房間，而且還抱著巨大的罪惡感，但這次我主動回房，我用力地蹬上樓梯，甚至還把門甩上。

受洗之後的打擊

如果你也認為自己必須當個「好孩子」，藉此來拯救父母、手足或同儕，那青少年時期想必很難熬。當年你想要追求個體性、與大人拉開距離，卻又不習慣與他人衝突或被否定。我們希望家長或監護人以關愛來取代規定和限制。但每當我們有所改變，他們的控制手段就會更加嚴格。他們想把我們留在身邊，但控制的意圖反而會把孩子推得更遠。這是很殘酷的事實，就是因為如此，我們才從改由其他關係中尋求安全感。

湯姆的信一直寄來，我每天晚上也都聽他給我的混音帶。不過，我也不是把所有心神都投注在他身上。十五歲時，我開始以更認真的態度看待信仰，因為童年時期接觸到的那個神評判性很強，所以有同理心的耶穌更加吸引我。我細細讀過《新約》，也讀了羅賓・瓊斯・岡恩（Robin Jones Gunn）的「克莉絲蒂・米勒」（Christy Miller）系列小說。那套書的主角是一個虔誠的甜美女孩，她那愛衝浪又帥氣的男友以及他們的一群好友，也全都對神抱持一樣的信仰。克莉絲蒂和朋友都誓言要守貞，也一同參加宣教之旅，在海裡受洗。這套小說為我帶來很大的啟發，我決定要效法他們。在二〇〇〇年七月十六日，爸媽、威利、艾娃、譚米、曼蒂和他們的家人，全都來見證了我的浸禮。

很快地，道賀的卡片和鼓勵的話語便把我淹沒，大家還幫我準備蛋糕，慶祝我的靈命得到新生。雖然我沒能像克莉絲蒂那樣，在廣闊的大海中受洗，只能參加助理牧師在地下室的小池子舉行的浸禮，但我一點也不在乎。重要的是，我已許下承諾，無論到哪，都要追隨愛的腳步。

隔年我繼續參加營隊；就在我和湯姆接吻之際，跟他說了浸禮時的狀況。他說，看到我開心，他也很欣慰，但我覺得這樣還不夠。我還得告訴他，為什麼我對耶穌如此信服，我也深信神有把我放在心上；這些是多麼棒的感覺。

營隊結束後，我跟湯姆繼續寫信、通電話，但秋天時，情況卻變了。我寫的信依舊很真摯，但傳教意味變得很強，也毫不掩飾想「拯救」他的意圖。既然我剛成為真正的基督徒，就是應該盡本分。我是個罪人沒錯，但同時也有責任拯救大家；在這樣的信仰結構下，我時時刻刻都在羞恥感與自我膨脹之間擺盪，前一秒還覺得自己是個低下的罪人，但下一刻馬上就覺得自己成了虔誠的聖人！在其他人都還搞不清楚前，就已知道怎麼做才是對他們最好！

這種行徑當然很令人受不了，但更慘的是，WCG在湯姆心中早已幻滅，只是我不知道而已，而且當時，他也開始慢慢脫離我瘋狂投入的新約教會了。我們對神的看法變成彼此間的隔閡。我想起他在沙灘上為我唱的歌，不禁覺得「深藍色事物樂團」的歌詞準到令人發毛：世界擋在你我之間，我們的人生擋在你我之間。

不過導致我們分手的，反倒只是個世俗得多的單純理由：湯姆在派對上喝醉，親了另一個女生——至少我聽到的消息是這樣的。派對後那天，他打電話給我，明顯聽得出心情不好，但並沒有坦白說出發生了什麼事。所以，說出真相的責任，就落到了我們的共同朋友身上。再接下來的那週，他們在教會描述了真正的事發經過，我聽了完全崩潰，無法動彈。

在開車回家的路上，我坐在副駕上啜泣，媽則試圖安慰我。

「小卡羅，沒關係啦。」她用安撫的語氣說。

「什・麼・叫・沒・關・係！」我的呼吸變得急促，必須很努力控制，才不會換氣過度。湯姆已經不愛我了（或許根本沒有愛過），這怎麼會沒關係？

但這時，我想起他過去兩年寄來了好多淡藍色信封的航空郵件，也想起那些每分鐘都很貴的通話時間。其實最糟的，不是我們不愛對方，而是我們真的有愛過彼此，只是兩人後來的選擇不同。我想把信仰的觸角伸進他的心，而他則把舌頭伸進了別人嘴裡。

「親愛的，我真的很遺憾。」媽打斷我的思緒。

我知道她是想表達關心，但悲傷和憤怒在我胸中糾結，導致我說出來的話尖酸又刻薄：「妳不就希望這樣嗎？這下湯姆更不可能來看我了！妳不喜歡他，他現在不就消失了嗎！太棒嘍，耶！」

她想安慰我，但我什麼也聽不進去。

「卡羅琳，親愛的，」媽說：「冷靜點，沒關係，妳不會有事的，神會幫助妳療傷，祂會使萬物效力，叫愛神的人得益，記得嗎？」

在這種時候提起《聖經》經文，時間點簡直再糟糕不過了。一會兒過後，我打破沉默：「拜託妳，不要再講了……」

她確實也沒再說話。就這樣，我們一路沉默地開回家。

「妳真的需要哭出來……」

我以為自己能掌控一切的幻覺就此破滅，這是分手帶給我的殘酷恩典。有很長一段時間，我都不再試圖去拯救別人了，事實上，我也別無選擇，因為我光是要在不崩潰的情況下度過每一天，就已耗盡精力與心神，根本無暇顧及他人。

如果你也曾心碎，那應該知道，在那麼痛苦的情況下，人會很想假裝沒事。在主流文化的影響下，我們總是認為，不管遭遇什麼壞事，都只能難過一天，然後就應該「放下」。雖然理智上這麼想，但情緒可跟不上這樣的腳步，畢竟情感的運作速度就是比心智來得慢。

你可以躲避悲傷、憤怒與痛苦，也可以壓抑一陣子，但情緒具有天然的浮力，會逐漸浮上表面，就好像大家說的：「真理總會浮現。」約翰．葛林（John Green）在《生命中的美好缺憾》中的這句話，為這個道理下了很好的註解：「痛苦就是這麼討厭，總要人感覺到才甘願。」

這個道理，我在隔年參加夏令營時學到了。那年，我跟好朋友譚米分到同一間宿舍，不幸的是，宿舍長卻剛好是湯姆的新女友，也就是他在派對上親的那個女生。不過，即使是在那麼荒謬的情境之下，我也決心不讓自己再次崩潰，於是便假裝沒事，好像一點都不在乎似的。

我一直壓抑著恐懼與悲傷，直到某天晚上，譚米從上鋪跑下來，跟我一起擠在下鋪。

「欸，妳幹嘛！」我用氣聲說：「已經熄燈了耶！」

我嘴上雖這麼說，但心裡知道不會有事。湯姆的女友當宿舍長，其實也是有好處的：我跟譚米都知道，我們就算在熄燈後講話，或是不參加宿舍會議，都不會受罰。

譚米又再靠近了我一些，用氣聲說：「小卡羅，關於分手和宿舍的事，我看得出妳很努力想地想表現堅強，但……我覺得妳需要哭出來，不然的話，我是不會走的。」

「我才不需要……」但我沒能說完，因為這句話根本言不由衷，我自己跟譚米都知道。

「親愛的，」譚米溫柔地說：「妳需要。」

「天啊，這下可尷尬了，」我笨拙地說，「我不知道哭不哭得出來，我已經很久沒掉眼淚了。」

「沒關係，妳就試試看吧，好不好？我會陪著妳。」她邊說邊替我蓋上使人發癢的方格毛毯，並用雙手摟住我的肩。

那個動作充滿善意，軟化了我心中堅硬的角落。

我們靜靜地縮在一起，躺了一會兒。我隱約聽見湖水在拍打岸邊的岩石，並感覺到房裡的其他女孩都已睡著。

在她的耐心陪伴下，我終於釋放情緒，為湯姆和我們逝去的戀情哭泣。我真的好痛苦，也不想再繼續假裝不痛了。

其實我最需要的就是讓自己崩潰，只是我一直逃避而已。譚米替我營造出「釋放心碎情緒」的空間，讓我知道自己夠堅強，足以能體會心裡的痛。她並沒有要我向外尋求他人的解救，而是幫助我去感受內心那些脆弱、受傷的角落。她不是代替我承受痛苦，而是在我經歷那樣的心情時，陪在我身邊。她的陪伴，讓一切都不同了。

你真的需要別人愛才會快樂嗎？

譚米幫助我哭出來後，我隔天起床時，很訝異地發現自己竟然……好些了。也說不上是高興，但卻意外地覺得堅強又平靜——並不是因為我見了湯姆或跟他和解（不過我們後來確實有把話說開就是了），而是我覺得終於找回自己了。

好幾個月以來，我都一直在想：「他為什麼不對我誠實，為什麼不愛我了？」但事實上，這些問題只要換個人稱，就能讓我自由：「我為什麼不對自己誠實？我為什麼不愛自己？」

在過往的經驗影響下，我們總會認為，只要能得到他人的愛，讓對方按照自己的心意行事，就能得到快樂。對於這種心態，美國心靈導師拜倫・凱蒂（Byron Katie）說得很好：「省掉那個對象吧，你馬上就可以得到快樂。」換句話說，我的快樂應該完全由我自己負責，不需要別人的改變來成全。

拯救他人的欲望，會讓你活得越來越狂亂，因為這超出你的能力所及，還會導致你與真實的自己脫鉤。越想拯救他人，就越應該思考，心中是否有些掙扎，因為我們經常會把內在的問題向外投射，覺得要是可以導正別人，那一切都會好轉！但事實上，每個人都只能拯救自己的人生，也都只能撫平自我的傷痛。

不欠人練習

第三式：投射練習

投射（Projection）是一個心理學名詞，意思是把自己的問題和焦慮轉嫁到他人身上。透過投射機制，就能把難題和情緒推卸給別人或自己認知的神，而且這樣一來，自己就不必面對。大家常說，「看到別人有某個問題，代表自己可能也有相同問題」（You spot it, you got it.），正是這個道理。如果他人的某些特質讓你很不滿，通常是因為你本身也有這樣的特質，但還沒能完全接受。

人都難免會這樣，大家不用為了投射作用而責怪自己！這項練習的重點，在於體認自己有哪些投射，並把這份珍貴的觀察當做未來人生的指引。

要辨識出自己的投射，請先列出你對他人或神的評判，譬如：「我覺得這個人很＿＿＿。」請務必誠實，不要刻意用委婉的語詞，而是把真正的感覺寫下來，也就是你不想向他人承認的那些想法！

如果不知道該怎麼寫，凱蒂的「批評鄰人作業單」（Judge Your Neighbor Worksheet）是很棒的資源，可以從她的網站 TheWork.com 免費下載。

該如何寫下對他人的評判，以下我舉個例子來說明。假設莫妮卡跟你相約喝咖啡，但她遲到了，你覺得自己的時間被浪費，所以很生氣。這時，請寫下「我覺得莫妮卡很會浪費別人的時間。」

然後，深吸一口氣，用愛的能量包圍自己，並思考評判內容是不是也適用於你。請依據下段的範本進行，一次審視一項評判就好，如果想把內容唸出來也可以。這些步驟我是跟 The Clearing 諮商團隊學的，而他們上過胡爾尼克夫婦（Ron and Mary Hulnick）在聖塔莫尼卡大學開設的靈性心理學課程。

「我覺得某人很＿＿＿。現在，我知道並接受自己有時也一樣很＿＿＿，但這沒關係。」（暫停一下，回想你與自己、他人或認知中的神相處時，是不是也會這樣。）「我接下來的目標是＿＿＿（請以愛的心態設定一個正向目標）。」

以下這個例子供各位參考：

「我覺得莫妮卡很會浪費別人的時間。現在，我知道並接受自己有時也會浪費別人的時間，但這沒關係。」（我會浪費自己的時間嗎？既然我已經知道莫妮卡老是遲到，卻還是一直等她，那我的時間到底是被誰浪費的？是她還是我自己？）「我接下來的目標是以符合我價值觀的方式，聰明地運用自己的時間；我接下來的目標是要設下界線，以後就算要等莫妮卡，也不會永無止境地等下去；我的目標是尊重自己的時間。」

這項練習一開始會讓人有點不快，要坦承自己也有問題，難免令人自尊受傷！但如果堅持下去，就能釋放身心的緊繃。我們常以為，只要能使他人改變，自己就會更快樂，但這種想法會導致你放棄本有的力量，而投射練習能幫你找回有力的感覺。

第4章

真正的勇敢是接納自己懦弱的一面

我總是在最害怕，面對最艱困或失控的狀況時，戴上勇敢的假面具。

英國歌手娜塔莉亞．基兒（Natalia Kills）受訪的文章：
〈我以為我會死〉（I Thought I would Be Dead by Now）

《大草原上的小木屋》（*Little House on the Prairie*）是美國最有名的成長小說，我非常崇拜書中主人翁的蘿拉．英格斯（Laura Ingalls）。雖然住在紐澤西郊區，但我還是秉持實實在在的拓荒精神，在後院造了棟「農場小屋」來「占地為王」。祖母替我做了一頂遮陽帽，我得意地把帶子綁在下巴，找表弟妹來聽我說故事，包括蘿拉和家人如何在達科他大草原過冬。我還帶領表弟妹一起收集木材（其實只是樹枝）生火禦寒。「在氣溫零下的冬季，身處於冷颼颼的房間裡」，我們無法體會那種感覺。我們只是跟許多孩子一樣，讀過這套書後，幻想蘿拉的生活是多麼浪漫美好，還因此著迷不已。

長大後，我再次重讀這套書，但體會大不相同。字句間仍充滿冒險精神，但我看到了強烈的原住民歧視。書裡的角色會拉琴、跳舞，但現實中，他們的各種資源被剝奪，生活充滿許多不確定性。「漫漫長冬」一點也不浪漫，還很駭人，許多居民都冷死、餓死，不曾享受過美好的生活。

為什麼要提起這本書呢？我想告訴大家，每個人在生命中都會遇到風暴，日光被烏雲遮蓋、強風在身邊怒號；前一秒還在享受萬里晴空，下一刻就面臨鋪天蓋地的雷霆，但這不是你的錯，也絕非你所能控制。若你現在正面臨這種情況，我很遺憾。我知道你既驚嚇又害怕，而且從呼吸到刷牙，每一件事都比平常難上十倍。

不管是面對真實或心理層面的風暴，要想存活，都必須趕緊逃到離你最近的安全處所，不但要保暖、補充水分，還要尋求物資與協助。求生模式一開啟後，就得捨棄有害的事物。切記，不可過度訓斥或冷漠地批判自己，免得內心更加膽寒；既然你已陷入寒凍，就要設法取暖。你應該學著對自己仁慈，自我對話時，把自己視為最珍愛的小孩，即使只是一些簡單的照顧舉動，也要好好地誇獎自己，例如「累了就去舒服地睡一覺」、「裹著毯子、喝杯熱茶真享受」。在平日生活中，我們總會把這些事看得理所當然，但當暴風雪來襲時，只要能活下來，就是成功。

最重要的是，不要浪費寶貴的力氣假裝「沒事、一切正常」，別老是以為你應該戴上勇敢的假面具。對你而言，假裝的代價太大了，就好像心神上的債務，而你沒有本錢積欠。

話雖如此，在文化的影響之下，多數人都還是深信，面對困境時必須要「勇敢堅強」。如果你現在正面臨暴風雪，許多人都會好意地告訴你「在這之後，你會變得更勇敢」或是「撐過去以後，你一定會更堅強」。

為了討好他們，你會戴上勇敢的面具，但心裡根本還沒準備好，甚至也沒能體認到自己傷得多重。

勇敢固然是美德，但前提在於那必須是你真實的樣子。面對困難時，既沒做好準備，又要假裝不害怕，那必定會失敗——因為勇敢的表象會使你和真實的自我脫鉤。

有些字典把「勇敢」這個詞解釋為「面對危險或困難時不顯露害怕的一面」，但我比較偏好美國作家格倫儂・道爾（Glennon Doyle）在《我，不馴服》一書中的定義：「勇敢是從內心出發，在每一個不確定的時刻省視內在，去感受心中的真實狀態並大聲說出來。每個人的境況都不同，也都永遠在變，所以一個人勇敢與否，並不能由外人評判；有時候，敢於讓眾人認為你軟弱，才是真正的勇敢；有時候，敢讓身邊的其他人失望，才是真正的勇敢。」

我說「別老是以為你應該戴上勇敢的假面具」就是這個意思。你沒有義務在他人面前展現所謂的「勇敢」，按照內心的真實狀態過日子，才是你唯一的任務——有時大家會認為這樣的你很勇敢，有時不會，但他們怎麼想並不重要。「勇敢」和「創傷」一樣，都是很主觀的，再說，最瞭解你的人是你自己。你是否勇敢，只有你最明白，就算旁人覺得你沒沒無聞、沒什麼作為，那也無所謂。

習慣二元化思考的人，總會認為「堅強」與「軟弱」是光譜上的兩個極端，但人生總有許多迷惑與矛盾，有所歷練後就會發現，人其實是既堅強又軟弱。「我好軟弱，我到底有什麼毛病」，你不時會這麼想，但答案是你很正常。這種想法會出現，只是因為「堅強」的感受與表現方式，不一定和你想像中的一樣。

小時候我就知道「我何時軟弱，就何時剛強」這句經文，但並不是真的認同。每次感到軟弱時，我總認為這代表我不夠堅強；有力量的人怎麼會覺得脆弱呢？我一直以來都帶著羞恥的眼光看自己，自認能力不夠好、不夠堅強也不夠勇敢。但在二十多歲的某次諮商時，我總算敢跟心理師說出一個可怕的故事。那是我個人「漫長而黑暗的冬夜」，光是提起就令人害怕，更不要說在經歷的當下有多麼駭人。那次諮商結束時，心理師對我說：「妳真的很堅強。」

我帶著懷疑回應：「但我覺得自己好軟弱。」

她聽了馬上就說：「大家都是這樣的。」

那句話猶如當頭棒喝。即使軟弱，也不代表我做錯什麼事；即使軟弱，也不代表我不夠堅強、勇敢。啊，這真是令人鬆了一口氣！

以真誠而堅強的態度，承認自己的軟弱，才能放下追求完美、討好他人的習慣，進而找回自己。真正的勇敢是脫下無畏的假面具，展現真實的模樣，不論是啜泣、哀悼或憤怒都無所謂。漸漸地，你會發現心中有道光慢慢浮現，甚至在寒冷的風雪消退後，會越來越明亮。

不過我在高中時，還沒有領略到這樣的道理，所以當年那場暴風雪席捲弟弟和全家人時，我戴上了勇敢的假面具。但我越努力隱藏恐懼，寒風卻越往心裡吹。

弟弟像不定時炸彈

高中的數學作業簿攤開放在我眼前，我嘴裡哼著知名教會樂團DC Talk的歌〈如果我跌倒〉(What it I Stumble？)，心裡則在疑惑，我當初為什麼要先修「進階微積分課程」。我臥室的門鎖著，但我知道媽媽在樓下切晚餐要用的菜，威利在看影片，爸爸則還沒下班。

我很專心在做眼前的事，但仍有一小部分的我彷彿獨立於意識之外，細聽著周遭的動靜。幾個月來，我已經習慣這種一心二用的狀態。我或許是在看書、寫東西或看電視，但另一部分的我卻總是保持警戒，聆聽四周是否有任何騷動，我原本視為理所當然的日常事態，開始變得脆弱不堪，就好像美國小說家茱蒂．皮考特（Jodi Picoult）所說：「在我家，常態就好像太短的棉被，有時候蓋得頗為舒服，有時候卻會讓你冷得發抖，最糟糕的是，你永遠不知道會是哪一種狀況。」

威利有很嚴重的行為問題（這麼說還算委婉），事實上，他會突然暴怒，變得很有侵略性，甚至自殘。是因為青春期造成的睪固酮不平衡嗎？還是心理因素的影響比較大？原因我們不清楚，但爸媽為了避免威利失控，已盡量調整作息、減少噪音和各種刺激原，也不讓他吃麩質和乳糖。媽媽幾乎每天都在跟醫生講電話，希望找出威利發狂的原因；有些精神藥物導致他昏沉、空洞，有些則使他的行為變得更危險。

威力被本地的公立高中開除後，爸媽就一直找不到願意讓他就讀的學校。他們每天忙著照顧威利、替他找讀書的地方，我則更加努力地當模範女兒，減少自己的需求，避免給他們帶來額外的壓力。

謹記著這點，我重新把專注力放回數學題，並用手捲著頭髮，就像我小學的時候那樣。這時，我聽見樓下傳來教會歌手麥可．史密斯（Miahcael W. Smith）的〈祢最重要〉（Above All），歌剛開頭就以最大音量播了出來，恐懼也迅速竄遍我的身體。有時威利會在我沒注意到的時候崩潰，但通常我都能感覺到災難正在醞釀中。

歌曲的音量減小，但很快又再變大。我聽見媽媽叫威利關小聲，但當音樂來到雄壯的副歌段落時，我聽到砰的一聲，然後是威利的叫聲，激動、尖銳、憤怒又悲傷：「啊喔喔喔喔喔，不要啊啊啊，呃吼吼吼吼……。」

接下來則是響亮的碰撞聲。我狂奔到樓梯邊，一動也不動地站在那兒聽。爸媽說威利的事他們處理就好，但爸爸不在家時，媽媽就需要幫手，免得威利傷了她或自己。

「威利，你可以深呼吸十次嗎？」我聽到媽媽這麼說。

威利呼吸得很大聲，我從二樓的樓梯平台都聽得見。「一」他發出刺耳的聲音，然後又再繼續，「二」、「三」。

「威利，做得很好！」媽媽這麼說。但第四次呼吸才到一半時，威利抓狂了。

「咿咿咿咿咿啊啊啊啊！」他尖叫。「完了。」我心裡想。

我衝下樓，搖晃地穿過餐廳，沿最短路線抵達廚房，看見媽媽跟威利對峙中。

我環望一圈，發現菜刀放在砧板上，旁邊是一堆小黃瓜片。威利從來沒有用刀割傷人，但我一直都很怕他哪天崩潰時會失手。

「你這是冷靜的表現嗎？」媽媽問道。

威利低頭對著地板吐口水，然後吼道：「我會深呼吸十次！」他的聲音充滿敵意，在他那如哈利波特般的圓形眼鏡後方，兩道眉也皺得好深。

「威利，你該去捲地毯了。」

「我會去捲地毯。」他用最大音量附和。

但他並沒有去，只是咕噥唸出一些奇怪的音節，說著一種我聽不懂的語言。我跟媽媽看著他，兩個人都僵住了。有那麼一瞬間，我們三個彷彿都中了同一道魔咒，無法動彈，但威利隨即一個箭步向前，從流理台拿起一個玻璃杯。

媽媽眨了眨眼，準備向他走去，「威利，不行，不要——」

但威利已把玻璃杯砸到磁磚地板上。杯子在我們腳邊裂成碎片。

「現在馬上去捲地毯！」威利聽話地轉身往客廳跑。我們緊跟在他身後，還得小心避開玻璃碎片。威利用東方風格的地毯把自己捲起來，一圈、兩圈，幾乎要捲到第三圈。這個動作是要避免他傷害自己，但他硬是把脖子伸了出來，開始咬自己的肩膀，探出頭來後還用力地猛撞木頭地板。

「頭縮到地毯裡去！」媽媽對他大吼，但威利又用頭猛砸了一次地板，接著才聽話。我跟媽抓了印花沙發墊，坐到威利扭動的身體上，把他壓住，希望讓他冷靜。有時威利會屈服，馬上放鬆下來，但這次不一樣。

從理性上來說，只要讓威利捲在地毯裡並壓住他，就能防止他弄傷自己。他曾把自己打成熊貓眼，身上各處還都有瘀青。換言之，他就是自己最大的敵人，但即便如此，要綑住恐慌的弟弟並坐在他身上，還是讓我覺得很有罪惡感。在混亂不已的情況下，我不小心咬到舌頭，結果鮮血滲出，嚐起來就像背叛的味道。就在那瞬間，壓在他上半身的我稍微鬆懈了一下，他趁著這個機會伸出了右手，往上抓住我，用指甲用力地刮我的下手臂，幸好媽媽拉開他的手並塞回地毯裡。

「啊！你不要這樣！不要再抓了！天啊！」我一邊尖叫，一邊用力地往下打。打到地毯後，我知道弟弟的背大概會感到一陣悶痛，但我不在乎。罪惡的思緒已消失無蹤，取而代之的是狂暴與憤怒。

威利又翻又扭、抽動了幾分鐘，但我跟媽總算是把他制伏在地毯裡了。他的呼吸聲漸慢，但我卻發現自己的雙手依然握拳。我的呼吸很快，無論威利再怎麼抽噎，我都不願意放開手或移開身體。後來，我獨自躲進黑暗的衣櫃裡，彷彿要把情緒裝在箱子裡，才允許自己哭泣、發抖、過度換氣。

一會兒過後，威利開始啜泣，讓我認知到危機已經解除。對他來說，日覆一日地狂怒、後悔，自己也很難受。我試著想像威利內心的光景，結果只想到歷史課教的無人之地，就是一再因戰爭而被炸彈摧殘的地方。我弟弟正常的那一面不斷和他體內的生物化學激素交戰，而他就困在那場戰役中，永遠打不贏。

他開口說：「卡羅琳，對不起。」但我卻一個字都無法回應。

媽媽轉頭問我：「妳還好嗎？手的傷勢怎麼樣？」她靠過來檢查我被抓傷的地方。

「沒事的，妳跟爸爸以前的經驗更慘。」說到我的傷口，我的語氣很淡漠，好像那是別人身上的傷。爸爸跟媽媽經常被威利割傷、咬傷或弄到瘀青，每次看到他們那樣，我的胃就會一陣地絞痛。

「記得去抹一些抗菌乳膏。妳弟應該冷靜下來了，我去把東西清一清，繼續做晚餐。」

「好。」我嘴上答應，但並沒有移動身體，只是緊繃地繼續坐在沙發墊上，感受墊子隨弟弟的啜泣晃動。雖然我聳肩假裝不在意，聲音裡卻透露出怒氣。

威利爆發以後，我總覺得自己就像火種般易燃，隨時都會燒起焰火。他某次又崩潰後，我走上樓，拿起他的舊吉他，往他的床架上砸，狠狠地砸到解體（坦白說，那把吉他也不是很堅固就是了）。當下，我覺得自己好像無法控制自己的身體，這就是威利的感覺嗎？要是我變得跟他一樣，那該怎麼辦？

在砸吉他事件過後，我努力地把情緒封得更緊，外表看來更加堅強，以為這樣就是勇敢。

長期否定自己的情緒，終會一口氣爆發

可是後來，我卻越來越沒辦法相信家裡的狀況會改善。失去希望後，我也越來越難與有信念的人相處。

在事發的前一晚，媽媽把我叫到她房間，用振奮的語氣說：「小卡羅，來，我們來禱告！」

「來了。」我擠出這句回答，然後拖著腳步穿過走廊，來到主臥房，但在門口頓了一會兒。那天我真的很不想參加每晚都要進行的禱告，但在家裡，這事由不得我決定。媽媽坐在床上，厚重的研讀本《聖經》攤開在她面前。她露出微笑，拍拍棉被，我走過去坐了下來。

她開口說：「我們今晚的禱告內容是什麼？妳覺得呢？要不要由妳開始？」但我對所有事都已喪失信念，只相信威利應該要去住精神病院。

當時，我不斷拜託爸媽讓威利接受更密集的照護，但無論怎麼要求都沒用。爸爸有考慮要讓威利入院治療，但媽媽嚴厲拒絕（至少在我面前是這樣），所以我們仍活在令人痛苦的不確定性之中。

我們的生活就是如此令人難以忍受，但或許是因為我太軟弱、犯太多錯誤。「妳一定

要變得更好。」腦海中的聲音提醒著我，所以我吸了一口氣，努力對媽媽擠出微笑。我並沒有說出我有多麼生氣，反而戴上勇敢的假面具，用刻意裝出來的平靜態度說：「妳先開始吧，然後我再加入。」

媽媽禱告時的內容大同小異，聽來也有種熟悉的節奏；另一方面，席捲我全身的陣陣憤怒也猶如節奏分明的海浪，漲起時是憤怒，退去時則是罪惡。「神啊！對不起，我恨死自己這個樣子了；我恨死了，對不起！」我愛媽媽也愛神，我知道，自己生來就有罪，所以老是怒不可遏。

這就是假裝勇敢的最大問題。要想維持勇敢的表象，就必須特別去壓抑「不應該出現的感覺」，這也代表著，你以為自己在某些情境下的感受是不好或不對的。我們經常會太過專注於「變好」，反而沒能注意到真正的問題。

我們從未站在截然不同的角度去思考，問題也許不是出在自己身上，而生氣是情有可原的，那只是在危險情況下的正常反應。

媽媽唸完她的禱詞後，捏捏我的手，示意輪到我了，而我也努力說了該說的話。唸完阿們後，她再次握住我的手，滿意地對我笑，「能一起禱告真好」。她看著我的雙眼，好像期待我附和似的，但我已經快要沒有耐心了，她那快樂虔誠的模樣又壓垮了最後一根稻草。在她迎上我視線的那瞬間，我突然理智斷線，「怎樣？妳到底要我說什麼」。

她回答的聲音聽起來很受傷，「親愛的，妳為什麼要這樣」。

「好問題，」我心想，我為什麼就不能說些好聽而無害的話呢？像是「對啊，能聚在一起禱告真好」。我知道她想聽這種話，但問題是，我這個人連撒謊都很不乾脆，於是我嘆了口氣，說出了一半的真相：「我只是累壞了。抱歉，我不該失控的，我真的該去睡了。」

「好，乖女兒，妳去吧，」她靠過來抱我，我也逼自己摟摟她的背。

卸下勇敢的假面具

直到二十年後的今天，威利的情緒之戰還沒結束，所以我有很多機會去學著拿下勇敢的假面具。

幾年前，爸媽和威利來拜訪我跟丈夫強納森，結果威利在社區裡一條安靜的路上徹底崩潰。那是早春一個舒服的日子，天氣晴朗，氣溫二十一度左右，綠葉青翠、鳥聲啁啾，還有許多松鼠。在這幅景色中，還有威利——他在地上打滾、踢樹，還攻擊爸媽，不讓他們控制局勢。而我和強納森站在幾公尺遠處，看著這一切上演。

如果你有過類似經驗，必須再次面對多年來令你害怕的場景，那你應該知道我當下有多想麻木自己，於是寧願再戴上那令人窒息的勇敢面具。在那樣的時刻，若有人能陪在身邊、給你安全感，那真可說是神的恩典，讓你脫離苦海。只要身邊有可以信任的人，你就更能坦然面對眼前的情況；你能穩穩地呼吸，以未曾體驗的方式度過痛苦的時刻。貝克在她的著作《擁抱幸福的十道心靈快樂餐》（*The Joy Diet*）中，曾引述精神科醫生暨創傷研究學者茱蒂絲．赫曼（Judith Herman）的話：「想在世上存活下來，或許可以只靠自己一人，但要戰勝心理上的難關，則一定要兩個人才能辦到。如果無法和其他人產生連結，終究會撐不下去，任何人都一樣。」

有了強納森的陪伴，我在面對弟弟時，無論是身體或情緒上都覺得安全許多。有時，我會小心翼翼地靠在威利的肩上，讓他也靠著我的頭；我把頭抽走時，他仍會繼續往我這邊靠，好像不希望我離開。不過，有時我輕輕抱住他，他卻狠狠咬我。

在我的婚禮上，他表現得非常棒，我好高興他能參加。不過，在我的新生兒派對開始前，他企圖要揍爸爸，還用拳頭猛打我公婆家的牆。我躲到廁所，抱著肚子，很努力地不讓恐慌爆發。

現在的我已脫離求生模式，所以也擁有較多的空間，可以去體察待在弟弟身邊時的各種感受——從憤怒到驚奇都有。有時候，深入體會自己的感覺是很痛苦的，但唯有如此，我才能前進，以更貼近真實的自我，也就是從前在勇敢面具之下的那個我。

拉莫特在《寫作課：一隻鳥接著一隻鳥寫就對了》(*Bird by Bird*)一書中說得很好：「後來我發現，真實的感受會讓自己覺得好像回到家一樣……坐在田野上，擺出聖潔美麗的微笑，並閃避自己的憤怒、傷痕與悲痛，就不可能觸碰到真實的自我——揭開心中的真實狀態，勇於面對那些負面心情，便是回家必經的道路。」

勇敢的面具只會讓你更加迷網；想挖掘出真實的自己，就必須揭開這個假面具，掀開它所掩蓋的一切。

要愛一個行為嚴重失調的人，必須要有非常大的勇氣，也必須誠實面對你不能忍受、覺得危險的一切事物。對於曾目睹或經歷過惡性關係的人來說，準備展開自我關懷、設立界線時，會覺得自己像叛徒一樣。的確，你背叛了習以為常的想法，開始質疑從前立下的生活規則，並粉碎了自我犧牲的心態。

如果你不想重蹈覆轍的話，就非得打破規則不可。

這些年來，我一直堅守著自己設下的界線：若沒有其他身體狀況良好的成人在場，我就不會跟威利獨處，這樣既能確保我的自身安全，也可以跟威利見面並參與他的生活。此外，威利崩潰時，我不再用手腳去控制情況。我會找人幫忙，或以其他方式提供協助，但不再涉入其中。

小時候，我認為這麼做就等於不夠愛弟弟，所以不敢下定決心。但現在我已不這麼認為了。確立界線不代表不愛弟弟，只是我正在學著愛自己多一點而已。

不欠人練習

第四式：反轉練習

多數人都不知道，內心無法得到平靜，是因為思維模式在作祟。我們在遭遇失落與創傷時，常會戴上勇敢的假面具，但心智、情緒和靈性卻一直被有毒的想法侵蝕。質疑這些想法，才能開始愛自己。

首先，請找出一個令人難受的想法，不要加以美化，要誠實地面對你對於某個困境的看法與信念。舉例而言，你以前老是說「沒關係，我會捱過去的」，但其實心裡真正的想法是「這實在是太可怕、太令人絕望了」、「我受不了了」、「這樣不公平」，或「事情根本不應該搞成這樣」。

接下來，我們要實踐凱蒂所設計的「功課」（詳見https://thework.com/wp-content/uploads/2019/02/Traditional_Chinese_LB.pdf）。這是一套簡單有效的練習，內含四個問題和一個反向說法，它也是一套冥想技巧，能讓你質疑各種有毒的想法，進而翻轉自身既有的觀點。以下列出這四個問題以及我自己的答案，讓各位瞭解該如何實際執行這套功課。

不過在開始分享前，我想先強調，質疑自己不等於否認事實、將虐行合理化或假裝自己沒被忽略。首要重點在於，質疑那些使你痛苦的念頭，以釐清思緒、活在當下，做好愛自己和他人的準備。

記住這點後，就可以開始參考我提供的個人功課實例了。

每次想到威利，最讓我心痛、恐懼又憤怒的念頭就是「我失去了正常的弟弟」。

「自我質疑」的第一個問題便是：「是真的嗎？」

於是我自問：「我真的失去正常的弟弟嗎？是或否？」「是。」（我覺得是這樣）。

第二題是：「你能百分之百確定這是真的嗎？」

我能斬釘截鐵地確定「我失去了正常的弟弟」嗎？有或沒有？回答時不能推拖、態度不能模稜兩可。想像自己在法庭上發誓，這句話百分之百正確，絕無做假。「不能。」（事實上，我無法確定）。

第三題是：「若你相信這個想法為真，那身心有何反應，會帶來什麼後果？」

我會氣憤不已，想要摀東西。憤怒消退後，我極度悲傷，很想念以前那個正常的弟弟。

第四題：「如果沒有這個想法，你會變得怎麼樣？」

我心裡會比較平靜，能如實面對眼前的威利，也會注意到他仍好好地活著，並對此抱持感激。

功課的最後一部分，是以三種方式反轉原來的信念，並分別列出三個具體情境，以說明反轉後的信念仍然成立。

反轉方法一，把信念中的受詞轉換成自己。因此「我失去了正常的弟弟」，變成「我失去了正常的自己」。的確，每當我相信威利已不是正常人時：

【1】我的內心會變得狂躁、無法平靜下來。

【2】我的言行會改變，不像真實的自己。舉例來說，我會覺得自己有資格冷落他、不跟他接觸。

【3】我覺得眼前的這個弟弟，和我腦海中、回憶裡的那個弟弟不一樣。也就是說，我所失去的，是在心理投射、建構的那個威利，而不是真實世界中的他。所以說，「我失去了正常的自己」才更符合事實。換言

之，我失去的是自己創造出來的印象和想法，而不是他本人。

反轉方法二，「主詞受詞調換」。因此「我失去了正常的弟弟」，變成「弟弟失去了正常的我」。的確，每當我相信威利已不是正常人時：

【1】我就不會跟他聯絡，打電話、寫信的次數都會變少，更不會主動找他聊天。

【2】我會有些破壞性的行為。小時候我還手打過他幾次，有時也會不理他。長大後我搬到離他很遠的地方，這樣就不用常跟他見面。坦白說，如果他覺得已失去了我，那也是很正常的。

【3】我的言行表現得不像姊姊，反而比較像冷漠的家長。我會跟父母討論該如何照顧他，卻很少直接跟他談話。

反轉方法三，翻轉原來的信念。因此「我失去了正常的弟弟」，變成「弟弟很正常」。的確，威利在許多層面是正常人：

【1】跟家人去度假時，我看到威利好端端地活著。

【2】威利經常心情不錯，行為舉止也很得體，就像我從小到大認識的那個弟弟一樣。

【3】我隨時惦記著弟弟，把他的狀況放在心上。我們彼此相愛，人生路上會相互陪伴，不會失去彼此。

第5章

寬大為懷
不是你的義務

現在的你，必須要原諒年幼時的自己，因為有很多事情，當年的你並不可能瞭解。這不是因為你很笨、邪惡或本性差……只是你還沒有上過某些人生課題而已。我們都只是生命教室裡的學生，都只是初學者而已。

美國作家伊莉莎白・吉兒伯特（Elizabeth Gilbert），
Facebook貼文，二〇一四年十二月

我有個瘋狂的想法，各位聽聽看：「繼續當個完美主義者，別急著改變自己」。現在的你會認為，只要改掉完美主義，一切就都會好轉。但事實上，你必須接受自己真正的模樣，才會真正感到自在。即使你沒能改掉完美主義，也可以體會到愛與安全感。你可以發自內心地相信，再怎麼緊繃、執著、想控制一切……也依然能得到愛。

幸運的是，有個方法能幫助我們在心中培養這份信念，那就是「原諒自己」。在本章，我會詳細說明這個方法，並在最後提供實際的練習法。不過，我們必須先誠實地剖析自己當下的思維模式。每當你後悔多做或少做什事情時，總會如此責備自己：

- 我實在不敢相信，我竟然花了這麼多時間在網路上研究這部電影，簡直太廢了！
- 我忘了把那件事寫下來，實在太粗心了！
- 我還沒把禮物寄出去，對朋友真是太沒誠意了！

像我們這樣的完美主義者，對自己其實非常嚴格。從小開始，我們就已學著要求自己不能出錯。就某種程度而言，這種行為模式可以保護自己的安全，但長大後還沒有改過來的話，就很容易把自己逼得太緊。

其實，你不必困在羞恥感與自我責備的循環中。如果你接受、原諒自己的一切，感覺會是如何呢？

以我自己最近發生的一件事為例：我又把燉飯煮到燒焦了。雖然我做事多半都很小心，但在廚房發生的意外倒是不少。小學時，有天我要自己烤麵包吃。但我擔心麵包屑會掉滿地，所以漫不經心地把麵包連塑膠盤放進了小烤箱，結果盤子融化，這比麵包屑掉滿地還令人崩潰。

總之，我發現飯燒焦時，挫敗感出現了：我竟然又忘記看時間！我不想打開蓋子，以免看到那好端端被我煮壞的食物；我真的很希望自己沒犯這個錯。

但在我還沒意識到自己要說什麼之前，就自然而然地說出了這句話：「我原諒自己把飯煮到燒焦。」

就是這麼簡單的一句話，力量卻很強大。在那瞬間，我發覺我內心預設的反應，已經從自我羞辱轉變成自我原諒了。

這句原諒自己的話，雖然多少帶有點氣餒的心情，但說出口後，連我自己都有點訝異，那可是我的肺腑之言——對於正在找回自我的完美主義者而言，這是很大的成就。

（不只這樣，其實飯沒燒焦，鍋子裡還剩下一點點水，救了整鍋飯。）

所以我想問各位：你犯錯時，是如何對待自己？你會說出自我原諒的話嗎？還是對自己和他人都很嚴苛呢？

學會自我原諒以後，眼前的世界會截然不同。

說到這裡，各位心裡的罪人可能已經開始抗議了：「我有什麼資格原諒自己啊？只崇高的上帝才有權力可原諒人類。」

你應該會覺得我的說法有點極端。但理論上來說，神會不帶批判地、施予無條件的愛（《聖經》裡是這樣寫的），因為「無條件」的定義就是「絕對且不需滿足任何條件」。因此，在無條件的愛裡，沒有容納「批判」的空間，只有百分之百的純粹之愛，不會有誰對你批評指教。

神不會評判你的好壞，所以你也不必求神原諒。祂也會盡自己的責任，完整、徹底而無條件地愛你。

反而是你，明明是那麼的美好，卻一直在自我批判，所以你必須學會原諒自己。你有能力批判，就有能力原諒，至於要怎麼做，決定權始終都在你手上。無論你是為了什麼事而一直責備自己、傷害自己，其實都大可不必，因為你已苦得夠久了。你不必一直用自我評判來加重身上的負擔，也不用再為過去贖罪。

我好希望自己在青少年時期就已領悟這個道理：只要是我出於害怕所做的事，神不會評判它們的好壞。

萌生離家的念頭

我一年級時寫過：「我非常愛弟弟，為了他，我什麼都願意做，就算要穿牆也可以！」結果到了我十多歲的時候，卻開始覺得，這句承諾已變成我的負擔。每一天，我都必須看著威利傷害自己和家人，看他在牆上捶出洞來，卻又無能為力，阻止不了他。我的房間就在威利的隔壁，我睡不安穩，除了怕被他攻擊，也怕在半夜被他的怒吼叫醒。我親眼見證了他的痛苦，也曾試圖替他緩解，可是都沒有用，於是有一天我受不了了，不想再看這一切重複上演。

某天威利再次暴怒發狂後，我、爸媽和狗狗柯利癱在二樓的走廊上。威利大爆發時，柯利躲在爸媽的床底下，後來才剛鼓起勇氣出來。威利還在樓下，捲在客廳的地毯裡，我們全都避著他。我原本想躲進衣櫥，不過終究深吸了一口氣開口說話。

「爸、媽，我要跟你們談談，」我說：「我們不能再繼續這樣下去，我撐不住了，我沒辦法再一直看著威利傷害你們和他自己。我們得找人幫忙，讓他住在別的地方，拜託！」

我的聲音在顫抖，說到最後那兩個字時都啞了。

「小卡羅，沒事的。」爸爸這麼說，但什麼叫做「沒事」？

「然後呢？要讓他去住哪？」媽媽用尖銳的語氣說：「你以為我們沒考慮過嗎？要是帶他去醫院，妳知道院方會怎麼做嗎？他們會餵他吃一堆藥，直到他變得跟植物人一樣，我不能這樣對他。」

「媽，但我們真的需要找人來幫他，」我說：「我也不知道該怎麼辦，我不瞭解體制，但我們需要專業人士來協助。」

媽媽已經開始搖頭了。「不行。」

這下爸爸成了我的最後一絲希望，我轉頭對他說：「爸，你不覺得嗎？」

他回答得不太情願，但我聽得很清楚：「我也是這麼覺得」。他轉向媽媽：「我也一直在想這件事，或許我們應該把威利送去別的地方住。」

我心想：「爸聽到我的心聲了！他同意我的看法！天啊，或許這次真的能成功說不定！」

「不行，」媽媽說：「我不能就這樣放棄他，他可是我兒子。」

「那，要不然……我可不可以去別的地方住？住到我畢業就好，我有個朋友可以讓我借住，拜託，好不好？」我知道這麼問會讓他們傷心，但我總得試試。比起離開，待在這個家裡更讓我害怕。

「卡羅琳，不行，」媽媽堅決地說：「我們是一家人，絕不能分開。」

身體的標記

在那次事件的幾個月前，我求媽媽帶我去看皮膚科醫生，以諮詢除痣的事。我一直很想除掉身上的幾個痣，尤其是胸口的那一顆。媽媽答應要幫我掛號，也陪我去醫院，但不同意動手術切除它們。

諮詢當天，醫生說：「有幾顆的確是大了一點，尤其是胸口的這一顆，不過看起來都沒有問題，如果你不在意的話，就不需要拿掉。」

「但我很在意啊。」雙手抱在胸前的我這麼說。在陌生人面前脫衣服的尷尬，加上無法如願的挫敗感，讓我說話大膽了起來。

「呃……」醫生瞄了媽媽一眼，遲疑地說：「那要不要等到妳十八歲？到時妳就可以自己做決定了。」我一言不發地匆匆把衣服穿上，努力地忍住眼淚。為什麼我想做什麼都不行？

除了問爸媽能不能把威利送去治療，或是讓我搬出去，我還突然有個想法：「我可以自己除痣啊，何必一直拜託人家答應，自己割掉不就好了嗎？」

於是，我馬上就設定好範圍，決定只割平常穿衣服會蓋到的痣。不會有問題的，沒什麼大不了。我有些想不開的朋友會拿刀片割手腕，但我跟他們不一樣，而且我不會用刀割，傷口也不會露出來。

某天，我洗完澡出來後，就從浴室那七〇年代風格的芥末黃洗手台底下，找出了消毒用酒精和指甲刀，趁著還沒因害怕而退卻時，趕緊塗了酒精，把痣一點一點地剪掉，是有點刺痛沒錯，但跟當下的狂喜相比，那種痛根本不算什麼。「我辦到了！痣不見了！」我感到十分平靜，覺得自己掌控了一切。完成後，我貼上ＯＫ繃並穿好衣服，覺得我扭轉了局面。

幾天後，威利那些失控的行徑又再度惡化，而我又進到浴室裡，想除掉另一顆痣。它的直徑接近橡皮擦的長度，比上次的大了許多，但還沒有大到無法處理，而且我心想：「內衣會完全蓋住ＯＫ繃，不可能會有人看到。」

剪痣對我來說有一種吸引力，那是我展現叛逆的方式，而且頂多只會傷到自己，不會波及別人。我所傷害的對象侷限於自己，不像威利那樣攻擊大家，這就好像茱莉・巴頓（Julie Barton）在《狗狗良方》（*Dog Medicine*）裡描寫的家庭狀況一樣：「我和弟弟都承受著傷痛……他處理痛苦的方法是對我發怒，而我的方法則是傷害自己，在心裡默默悲傷。」剪痣就是我傷害自己的表現。

不久後，威利又再發狂，而且那次特別嚇人，我跟媽媽試圖要制止他，結果都弄到瘀青。後來，我跑上樓衝進浴室躲著，感覺自己靈魂出竅，彷彿是從空中觀察自己的行為。

我用微微顫抖的手轉動銅製門把，走入浴室。我把門鎖上、確定把手轉不動後，堅決地把熟悉的抽屜打開又再關上，接著捏出我脖子右側的痣，準備要動手。那顆痣很大，就位在我脈搏點的正下方。

我並沒有想清楚要怎麼藏住傷口，只有大略想到，或許可以穿高領的衣服遮一下。然後我就動手了。那股劇痛很強烈，但我忍住不叫出來，並維持呼吸的節奏，小心翼翼、一段一段地剪。不久後，整顆痣都剪掉了，但皮膚也不斷滲出鮮血。我心想：「我做了什麼好事？」

「卡羅琳，妳進去好久了，沒事吧？」媽媽在浴室門外問。

我沒有回答。她轉動門把：「親愛的，妳還好嗎？」

「媽，我沒事。」但我偽裝的功力很差，所以聲音聽起來一點都不像沒事。

「卡羅琳，趕快開門。」我一手把門打開，另一手則用衛生紙壓著脖子流血的地方。

媽媽走進浴室，我們在鏡中四目相交。我盯著鏡子裡的我和她，還驚恐地發現，自己竟然希望她看見我的舉動。或許，我跟那些拿刀片割手的朋友差不多，其實也是在向外呼救。

「卡羅琳，妳真的是……」她說。就這樣，沒有別的話。

羞愧感讓我漲紅了臉，眼裡也盈滿淚水。我沒有回話，而媽媽只是轉身走出浴室，關上了門——但脖子上的血應該已解釋了一切，我還有什麼好說的呢？

你天生就值得被愛

我不知道媽媽那天為什麼掉頭就走，但我知道，如果想原諒自己，就必須直視你心裡現在最痛的角落。

一想到要面對痛苦，難免會覺得驚慌失措，這我可以理解。我們會有這種感覺，通常是因為已習慣被那些傷痛所折磨，也深信自我批判的內容。所以，你必須在心裡為自己騰出一些空間才行。我常常練習去分辨、去感覺自我意識的不同面向，並覺察出是哪個我在批判自己，又有哪個我正因為這些批判而感到痛苦。秉持這項練習的精神，在此與各位分享一個很有用的人類意識模型，我是從貝克博士那兒學到的。

首先，請想像你意識中最根本的自我（可以說是「野孩子」）。這是每個人出生時的那個自我，衝動、情緒化，能深刻感受一切事物。接下來，請想像你的社交自我（也稱為「獨裁者」）。這部分的你比較理智、知性，慣於擬定計劃，有時也會批判事情。請把這兩個你都當成真正的實體，想像他們靠在你兩側的肩膀上。在你的想像中，他們以怎樣的形式出現都沒有關係，也沒有一方很糟糕或有毛病，兩者地位平等。

很難原諒自己的人，通常是因為社交自我與根本自我有衝突：前者會嚴厲地批判後者，後者則會因前者的評判而驚恐不已，又因害怕而行為失序，導致社交自我做出更加苛刻的批判。這種關係有點類似父母對著懵懂無知的幼子怒吼；大人越來越生氣，嬰兒則越來越恐懼。

我高中時就常有這種感覺——家中的情況讓我害怕，導致我開始剪痣。我內心那個野孩子驚慌失措地想找出口，想在不傷害他人的前提下釋放情緒，並展現叛逆的一面，可是心裡的獨裁者又氣她這麼「軟弱」，於是批判的力道更重。這就是一種惡性循環。

覺察到自己心中的野孩子和獨裁者以後，你可以問自己：「現在的我是哪個角色？」

不過，既然你可以同時觀察到他們的存在，就代表你不是其中任何一人；說得比較精準一點，你就是「觀察者」。現在的你正在察看自己的意識，見證你的兩個面向。貝克把觀察意識的人稱為「觀星者」——平靜且恆久存在，和過去、現在和未來的你都有所連結，可以說是最能體現你本質的主要自我。

你可以從觀察者的角度，為野孩子和獨裁者都付出一些善意，說一些能讓他們感到平靜、自由的話。如果覺得「我愛你」太誇張，那或許可以試試：「你們兩人我都看見了，也認可你們各自的重要性。我是來幫助你們的，希望你們都能得到世上最棒的一切。」

你也可以借用心靈導師克莉絲特．娜妮（Christel Nani）的名言來肯定自己：「即使我不相信自己值得被愛，仍全心接受並愛著自己的每個部分。」這話聽起來矛盾，卻能讓你誠實面對舊有思維造成的壓力，並以愛療癒內心受傷的角落，進而讓你身心自由。我喜歡這段話的另一個原因在於，若你不時複誦它，其內容會逐漸改變，譬如我的版本就已經變成：「我全心接受並愛著我的每一個部分；即使我不相信，我仍值得被愛。」

你的信念內容非常重要，畢竟思維會直接影響你的感受與行為。可是，就更根本的層面而言，不管你是否相信自己值得被愛，都改變不了一個事實：你就是值得。這個真理非常簡單，卻比你的信念更為有力。愛存在於你真實的本質當中，永恆不變；它或許暫時會被隱藏、掩蓋，但絕對不會改變。

事實上，你的挑戰只有一個，那就是想起真正的你。

令人暖心的好友

那年秋天，爸媽載我到家鄉北邊的瓦薩學院——這是我的第一志願，也是社會認可的逃生路線，讓我能逃離家中。他們難得替威利安排了一整天的臨時照護，這樣就可以幫我把一切都安頓好。在那之前的兩年間，我一直很希望爸媽能全心全意地關注我，但當我有機會體驗那種待遇時，卻覺得詭異又不對勁。我們之間有不小的認知差異，他們認為，上大學的第一天象徵我開始獨立，但我卻不這麼想。在情緒上，我已經孤獨很久了——尤其自從我瞭解到，無論威利有多失控，爸媽都不會把他送走或讓我搬出去。

我們道別時，媽媽緊緊抱住我，然後留下一張寫滿《聖經》經文的卡片；爸爸則開些老掉牙的玩笑，並像熊似地抱了我好幾次。他們倆都盡力了。

大一那年並不容易，畢竟三個女生住在同一間房裡，總要互相調適。我和室友雖有許多差異，仍一起撐過了那年。我很喜歡各種課程，尤其是英國文學。另一方面，由於瓦薩附近沒有WCG的集會所，所以我加入了校園團契。

在團契活動中，我第一次和那麼多不同教派的人一起敬拜。週二晚上，會有天主教、新教、摩門教和各種背景的學生參加集會。大家一起唱歌時，我想起了兒時對於天堂的想像：天堂就是沒有藩籬的地方。

此外，我到瓦薩唸書時，也給了自己一個任務：我要變成更好、更無私的人；我要對所有人善良，當耶穌的見證人；我不要喝酒、參加派對，只想為耶穌赴湯蹈火，就是這麼簡單。

不過，住在宿舍又想維持「聖潔」，並沒有我想像得那麼容易。每週末我都覺得像回到小時候過萬聖節的場景，大家都在玩不給糖就搗蛋，我卻只能發糖果。瓦薩的同學全在喝酒，反觀我只能抱著《聖經》和基督教搖滾音樂CD在一旁乾瞪眼。到了大一萬聖節時，我實在堅持不下去了。在室友的鼓勵下，我變裝成「壞卡羅琳」，穿上紅色蕾絲洋裝和高跟靴，喝了她們給的「冰火」氣泡酒，跟大家一起唱有髒話的歌，還跟我喜歡的那個男生激情熱舞。

不過壞卡羅琳退場後，我們短暫的浪漫關係就結束了。春天時，我聽說他已經在跟別人交往，而我面對這個消息的方式，便是化起濃妝，穿上緊身牛仔褲和白色網布坦克背心，讓我看起來更強悍。只要有啤酒送到眼前，我全都會喝掉——就這樣，我徹底大變身。

我上大學後的歷程就是這樣：「乖寶寶卡羅琳」對所有人都善盡責任，但內心有許多傷痛、再也沒有力氣撐下去，於是變成壞卡羅琳，開始大肆喝酒、跳舞。以前媽媽不准我看音樂影片，就是怕我跟他們一樣。這兩個我是分裂的：跟敬拜小組一起唱歌，也去夜店跳舞；帶大家研讀《聖經》，也會灌龍舌蘭shot。

我室友們就沒有這種內在衝突，只是很高興看到壞卡羅琳回歸而已。某次我們微醺地跑到我朋友布魯克的宿舍參加派對，一聽見〈神氣甩尾〉（Shake Ya Tailfeather）開頭那獨特的齊唱段落和警笛聲，三人就同時把手高舉到頭上甩。我一路沿著擠滿人的走廊跳，然後看到布魯克在另一頭便大喊：「小布！嗨，我親愛的小布！」

我跟布魯克都主修英文，都是家中的長女，也都是勤奮、容易因壓力而生病的模範生。我在學業上能信任她，也能在她面前展現我的完美主義、內心的盼望與恐懼。

布魯克一看到我們，眼睛就亮了起來：「太好了，妳們來啦！」

我靠過去抱她：「我愛死這首歌了！超愛！」

布魯克微微歪頭，用擔憂的眼神打量我：「親愛的，妳喝了多少？」

我用拇指和食指做出「一點點」的手勢，笑得很燦爛。

「好吧，」布魯克轉向我室友：「她到底喝了多少？」

但四周太吵，我沒聽見她們的回答。

「妳先喝點水吧？來，我幫妳拿。」她彎下身子，把老舊Brita濾水壺裡的水倒進塑膠杯。

「不用不用，」我推掉那杯水，替自己倒了一小杯廉價伏特加：「這才好喝！」

我沒說的是，其實我認為自己不配喝水；能喝水的，只有結婚後才與伴侶親吻的人，還有為了耶穌而被出賣的人；至於我，則只配喝酒，讓喉嚨灼痛、雙眼泛淚。

隔天，我宿醉到無可救藥，吃穀片時，還得把每一片都剁成兩半，才吞得下去。我還記得布魯克拿水給我——她的模樣是那麼善良，一點批判態度也沒有。她不認為我有什麼卑賤的地方，反倒是我不相信自己。

有時候，我就是會喝成那樣，但事後又慘遭羞恥感侵襲，在那樣的時刻，她總會給我信心。有她在身邊，我覺得很安心。對我而言，要不要參加派對是很兩難的抉擇，不去的話，擔心會和同儕疏離，宛如回到孤獨的青少年時期；但真的去了，又會覺得自己辜負了神。

但布魯克總會說：「小卡羅，我不覺得神會生你的氣，至少我不會。我愛妳，妳是我的家人。」我們最愛看《實習醫生》影集，她還會模仿裡面的角色說：「妳把一些酒精排出體外後就會好一點了，來，再喝點水吧。」

威利抓狂了

身兼好卡羅琳和壞卡羅琳的我，有時也會回家探望爸媽和威利。我會把髒衣服帶回家洗，但也會盡量幫忙，譬如主動照顧威利，讓爸媽可以休息一下。

但某天他們出門時，威利卻開始抓狂，情況也變得失控。我要他把自己捲在那條東方風格的地毯裡，並施加壓力，想讓他平靜下來，但是沒有用。威利沒把地毯捲緊，所以有空間能抵抗，還用力抽動，導致我失去平衡。

「搞什麼鬼啊？」我倒抽一口氣，想盡辦法不讓他掙脫。「威利、威利，你不能出來，知道嗎？你要冷靜下來。」

但是，他的身體卻往上一抽，完全把地毯掙脫。來不及了。我看著他往我衝過來，我慌亂地往前廳跑，但不夠快。威利把我抓住，往我的小腿狠狠咬了下去。我倒在走廊地上，膝蓋著地，嘴裡大喊著：「放開，你給我放開！好痛！痛死了！」

我用盡力氣，又踢又扭地想掙脫，但威利就是不放，還咬得更用力。最後，我終於靠著腎上腺素把小腿抽走，衝上樓梯躲進爸媽房裡——裡頭有電話，我可以打電話求救。我驚險地及時把門鎖上後，威利用拳頭猛敲木門，而我已經喘不過氣來，開始啜泣，並因換氣過度而感覺到喉嚨縮緊。「空氣很充足，妳好好呼吸就是了。」我這麼提醒自己。

但我呼吸的節奏依舊飛快，而且斷斷續續。我雙手握拳，堅決地對自己許下承諾，最後才終於讓氣息慢了下來：「爸媽一回來，我就要回瓦薩。我要開車回去，把房門鎖起來，然後很久、很久都不要再回來這個家。」

我終於冷靜到能正常呼吸後，拿起電話撥了媽媽的手機號碼。「媽，威利發狂了，」我一開口就直接這麼說：「我有幫他捲地毯，但沒有用，還被他咬了一口。」我的聲音有點顫抖，但我很努力控制，並像機器人般地說出：「你們現在就回家，我要走了。」

「糟糕！天啊，卡羅琳，怎麼會這樣。」媽媽說完後，用驚駭的聲音對一旁的爸爸說：「他咬她，」接著又對我說：「我們馬上就回去，妳現在安全嗎？」

「還好，我躲在你們房間，把門鎖起來了。」

「做得很好，那威利現在怎麼樣？」

「好像在後陽台摔玻璃杯。」

「他之前也有這樣的情況，妳知道的。妳先待在房裡，我們馬上就回去了。」

接下來的那一整個小時，我都僵硬地坐在爸媽的床邊緣，一聽見車庫的門打開，就猛然起身去拿了包包，然後衝下樓梯，奪門而出，直接走向我停在車道上的那台森林綠道奇 Stratus。我心情好時，會把車子暱稱為「小道奇」，但當下的我卻一點都無法想起那是怎樣的心情。

「小卡羅，親愛的，妳等等。」媽從車道的另一頭對我喊。

「對不起，我真的沒辦法，我要走了，對不起。」我邊說邊把包包丟入後座，然後跑到駕駛座。

「乖女兒，」她臉上的每一道紋路都充滿悲傷：「看妳難過我也很心疼，我們都愛妳。」

我沒有回話。從家裡一直到校園的路上，我都沒有什麼感覺，只是小腿有點抽痛。

即使如此，我也沒有想去瓦薩的保健室，畢竟去了又該跟護士說些什麼呢？「我弟有時會發瘋攻擊別人，他今天剛好超用力地咬我，但我跟爸媽承諾過，我可以獨自照顧他，所以可能是我的錯吧，誰叫我這麼蠢？」

不行。於是，我跛著腳回到宿舍，從迷你冰箱拿了冰敷袋，然後呆望著天花板。

幾天後，我在學校信箱裡看到家裡寄來的信。爸媽寫了一些悲傷的話，說他們愛我；還有一張有底線的白紙，上頭的字一看就知道是我弟寫的：「親愛的卡羅琳，真的很對不起，我不應該咬妳，請妳原諒我。愛你的威利上。」

我沒有哭，只是在紙上尋找威利把鉛筆壓斷的痕跡，好像希望弟弟壓筆的力量能抵銷他對我施加的暴力。

我不知道自己有沒有辦法原諒他，但後來才發現，這並不是重點。真正的關鍵在於，我能否原諒自己。

莫名的羞恥感

如果你有心學習自我原諒，但不知道該從何著手，一開始不妨先處理讓你極度不自在的「莫名羞恥感」。

莫名的羞恥感會讓你覺得自己做錯了什麼，而相信自己各方面有問題，但卻不知道這些想法是從何而來。你心裡感覺很糟，卻無法釐清原因。

練習的重點在於探究這股莫名的羞恥感，而不是一味壓抑。一如先前所說，即使是負面情緒，也有自然浮力，無論你再怎麼往下壓，終究會浮上表面，所以還不如好好處理。

如果你願意探究，請和莫名的羞恥感安靜地共處一會兒，計時五分鐘，讓那種感覺發酵一下，並思考你是從何處開始評判、羞辱自己。

說到這裡，我想先暴雷一下：你大概不會喜歡跟羞恥感共處的感覺。如果怕一個人練習會無法承受的話，請找你信任、願意支持你的人陪伴。請記得，除了保持呼吸，並不時觀照內心，你什麼都不用做，如果需要，也可以隨時休息，不必匆忙、不必強迫自己。這項練習的重點在於創造空間，讓你真實的想法能浮上表面。

準備好以後，請問問自己：「莫名的羞恥感啊，你是從哪裡來的？你想告訴我什麼？」

最近，一些老朋友參加了我為人生教練課舉行的網路研討會，結果一股莫名的羞恥感襲來，所以我也進行了這項練習。

羞恥感的源頭沒有馬上顯露出來，因為我在參加者名單上看見那些朋友的名字時，本能的反應是開心。

可是，後來我自問「莫名的羞恥感啊，你是從哪裡來的」，問題就清楚浮現了。

參加網路研討會的那些朋友從大學時就認識我了，當時，我還很努力地想當模範基督徒，抱持著某些我現在已捨棄的信念，還會飲酒過度、傷害自己，恐慌症不時會發作、陷入羞恥的漩渦中。就許多層面而言，當時的我仍十分迷茫，在那個時候，他們就已經認識我。

突然間，一切都合理了：那股莫名的羞恥感跟我朋友無關，而是源於我對過去那個卡羅琳的評判。

就這樣，我馬上找到了令我痛苦的想法：「要是大家認識真正的我，一定會轉頭就走。」但事實上，那些從以前就認識我的朋友並沒有離我而去，反而還在十多年後參加我的網路研討會！

他們並沒有批判我的好壞，批判我的，就只有我自己而已。幸運的是，我不用一直活在批判之中，而你也不必。

不欠人練習

第五式：真心原諒自己

這項練習是前兩章的延續。辨識出你的投射、評判與自我限制的念頭後，你就有機會原諒自己。這個程序我是跟 The Clearing 諮商團隊學的，而源頭是胡爾尼克夫婦在聖塔莫尼卡大學開設的靈性心理學課程。

要學習自我原諒，首先必須深度感受你心中的愛，一心與它建立深層的連結，彷彿它就在你心中央。你可以想像一下，把自己安置在內心的某個角落，以得到深度的安全感與平靜。你可以幻想自己處在大自然中，或正抱著寵物或所愛的人，重點在於，你想像的人事物過去曾讓你感受到無條件的愛。（如果太困難的話也沒關係，只要盡力就好，別讓完美主義阻止你進行接下來的步驟。）

用充滿愛的正能量把自己穩住後，把療傷設為目標。每個人的說法都不同，但重點在於說出心裡所想的話，譬如：「我的目標是達到最深層的自我療癒。」

接下來，寫下你自我評判與自我侷限的念頭，請不要有所保留，也別假裝你對自己很好。如果你平時會批評自己自私、懶惰、惡劣或無可救藥，那就如實寫下來；如果你認為自己永遠無法改變、會一直爛下去，那也請寫出來。

完成後，請務必繼續保持愛的能量，再用全新的角度說出心裡的想法。

對於自我批判的念頭，請這樣對自己說：「我自認——，但我原諒我批判自己，事實上，＿＿。」

在第一個空格內填入你對自己的評判，在填第二個空格時，則要從無條件愛自己的角度出發，寫出真實的想法。描述時，請完整傳達你內心的感受，不要刻意寫一些你無法認同的正面良善想法。你所寫下的話，都必須能引起你的共鳴。

以下是我個人的一些例子：

- 我自認很失敗，但我原諒我批判自己，事實上，我也是凡人，而且已經用盡最大的努力了。
- 我自認殘破不堪，但我原諒我批判自己，事實上，我擁有愛，也很堅強。
- 我自認是個很糟糕的人，但我原諒我批判自己，事實上，我就是我，而且忠於自我是沒問題的。

對於自我侷限的念頭，請這樣對自己說：「我自認＿＿，但我原諒自己有這種自我侷限的念頭，而我相信______。」同理，在第一個空格內填入你自我限制的想法，在填第二個空格時，則要從無條件愛自己的角度出發，寫出真實的感受。譬如：

我自認永遠都不夠好，但我原諒自己有這種自我侷限的念頭，而我相信，在為我打分數的，就只有我自己而已，只要我願意，隨時都可以把記分板丟掉；而我相信，我能丟掉記分板，讓自己自由，並享受自在的人生。

從前的念頭又再浮現時，請大聲唸出你的新想法。在不斷練習下，試著強化新信念，並把你的練習筆記本帶在身邊。一開始你會覺得很奇怪，但請堅持下去，畢竟你已經對自己苛刻很多年了，所以要徹底轉化心境，以仁慈的態度對待自己。在練習過程中，你要保持自我同理的心態，這樣一來，你的同理心也會擴及你生命中的所有關係。

第6章

你不必當超人

照顧別人和喝酒一樣，是會有癮頭的，不過使人上癮的，是回應親友的需求時，情緒暫時舒緩的感覺，雖然無法持久，但在滿足他人需求的當下，我們會覺得自己得到了愛。伸出援手固然是好事，而得到照顧的人也會十分欣慰。可是，照顧就像酒精一樣，只是短暫麻木我們的無價值感而已，如果不持續自我犧牲，那種感受就會一再浮現，永遠不可能根除。

美國詩人馬克・尼波（Mark Nepo），
《每一天的覺醒》（*The Book of Awakening*）

你玩過「記憶遊戲」嗎？就是絞盡腦汁地想記起從前會背的歌詞、詩句和地址等等。那你應該知道，在逃避工作和課業時，會覺得這個遊戲最好玩。你心想著，待會兒一定要完成年度報告，但卻先把新好男孩的所有專輯歌曲唱了一遍，而國中同學的電話號碼也背了一輪。

我保證，不只有你會這樣而已。某天我在冥想時，心就是不想靜下來，反而想要挑戰按照順序背出十誡。「除了我以外，你不可有別的神」——我一開始勢如破竹，但背到最後一條的「不可貪戀」時，卻發現只列了九條，一定是中間漏了一項——是哪一條？我思考了一會兒，才想出答案。我漏掉的是第三誡：「當記念安息日，守為聖日」。

我會忘記這條，似乎並不是湊巧。

你應該跟我一樣，很著迷於自我成長的議題，也會看書來學習如何提高生產力。而你一定知道，這些書裡面總有各種數不清的行動方案。那的確有用，畢竟大家偶爾都會需要一些鼓勵，以刺激心靈、馬上起身行動。

可是有時候，你需要的不是加油；行動不是解方，反而會成為問題。在現代美國文化中，充斥一種「只要努力，什麼事都能解決」的信仰，導致你認真過頭，無法容許自己休息一下。你的問題不在於啟動不了，而是無法關機。

就我的經驗而言，完美主義者要放下執著，最大的挑戰就是——有魄力地說，就是「放膽讓自己休息個夠」。你明知該停一下，在行事曆上留下一小時或一天，好放下手邊的工作，但總會覺得很不自在。對於我們這種人而言，「生產力至上」是生活的唯一準則，就像著色時一定要畫在框框內。我們喜歡把自己當成神力女超人，不敢休息「太久」，以免違背自己的使命感。在你我的世界裡，超時工作是美德，休息過久則是天地不容。

在將近三十歲時，我跟諮商師說，我很害怕日常規律被打破，即使今天有正當理由不能去運動或寫作，我都還是會大驚小怪。

「妳知道嗎，」她這麼回應：「若妳預設的生活原則就是『努力無上限』，那妳得拿出很強大的信心，才有辦法開始照顧自己。」

這段話讓我開始以不同的方式去思考生活。從那時起，我便將休息日定為「理直氣壯的一天」，而不再覺得自己是偷懶。

你也可以這麼做。記得，你是人、有生命，並不是機器；用你關懷他人的方式來照顧自己。想想看，你應該不會拒絕讓小孩好好休息、吃飯和玩樂一下吧？那為什麼你不願滿足自己的這些基本需求呢？你心裡也住著一個小孩啊，而負責照顧的人就是你。

為什麼這樣說呢？其實大人就像俄羅斯娃娃，心裡都住著不同時期的自己，一如麥德琳・蘭歌（Madeleine L'Engle）在《沉靜循環》（*A Circle of Quiet*）中所述：

每個年紀的我，都還活在我心中。我曾是小孩，也曾是好奇、容易憂鬱又狂喜的青少年。我如今還是個小孩、青少年，那些特質永遠都會留在我身上……這不代表我還困在那些階段……只是他們都與我同在、讓我可以依賴。忘記那些自己，就像自殺一樣。過去的麥德琳成就了現在的我，它們是不可或缺的要素，所以我絕對不能忘記、否定或摒棄。

忘記年幼時的自我，身心都會受創，甚至覺得自己被扼殺；一如蘭歌所說，忘記就像是心靈上的自殺。記得年幼的自己仍活在心中，就更懂得要自我照顧。

這話說來容易，做起來卻不簡單，因為在文化、宗教和家庭的制約下，我們常認定有義務要自我犧牲。剛開始與年幼的自我產生連結時，常會發現過往累積了許多傷痛。你會發現某些沒得到滿足的需求，以及沒能療癒的傷口，還很想迴避那些累積已久的痛，把照顧自己情緒健康的責任轉嫁給別人。

追根究柢，關係中的許多問題（我敢說絕大多數都是這樣），都可以歸咎於這個原因：不懂得自我照顧，卻希望別人把我們安頓好，妄想對方有讀心術能預測我們的需求，並給予無條件的愛。你心裡會想，要是對方做得到，所有問題就都能迎刃而解——你把自我照顧的工作交給別人，這樣就不用自己來啦！

有些人的情況剛好相反，總覺得只要好好照顧對方，讓他們開心，人生所有的問題就能迎刃而解。不過，不管是要求別人來滿足你的需求，或是犧牲自己來成全別人，其實核心問題都一樣：你拋棄了自己。

所以我們要回答的問題便是：該怎麼做，才能不再拋棄自己？才能學著優先照顧自己？

首先，你必須要認知到「你不欠任何人」，沒有誰說你非當超人不可，也沒有誰說你一定要使出百分之兩百的力氣，來替別人解決問題。如果你的付出已超出能力範圍，那你也會開始被迫否認自己的本質與限制。無論你能做多少，都請對自己誠實，不必自我欺騙，因為你有權當個平凡的人，就是這麼簡單。

以我的經驗來看，開始擔任照護者的角色後，就特別容易有超人情結。照顧別人的身體是重要又神聖的工作，但同時也很危險，畢竟這種工作沒有做完的一天，如果你沒設立界線，很容易就會被淹沒。照顧他人確實是一種深度的靈性練習，不過你不可以把它當成方便的藉口來迴避內在需求，以這種社會認可的途徑來逃避照顧自己的責任。

我做大學畢業後的第一份工作時，還沒有學到這樣的觀點。原本我打算到紐約做出版業，但卻衝動地報名了美國志願隊（Americorps）的一年工作計劃。我搬到華盛頓特區，加入專門照顧成年身心障礙人士的「方舟」（L'Arche）社區。志願者必須和各種障礙者同住在關懷社區，從旁照顧他們。我接下這份工作，那麼威利就不算是白白受苦了：我也許幫不了他，但至少可以利用跟他相處時所學到的一切，來幫助社區中有特殊需求的人。

我在抵達方舟的第一天就認識了雷蒙，在六位核心的身障成員中，只有他是坐輪椅的。他鼻子很寬、五官不是很細緻，一開始我覺得他長得很可怕，但後來我發現，當照護員把燈光調暗、點起蠟燭準備要禱告時，他的表情會柔和下來。當他伸出寬大的手掌，含糊地邀請我「握握手」時，手的動作也很輕柔。禱告時，他會一直發出一種很響亮的呼嚕聲，但我怎麼都學不來。「那代表他很開心。」另一位照護員告訴我。

跟暴怒的威利相比，核心成員並沒有任何醫療狀況或個人怪癖能嚇到我。「或許當威利姊姊的這些年，已經讓我為這份工作做好萬全準備了。」我這麼想。「說話含糊不清、不時發出呼嚕聲？」這些都不是問題，只要沒人被打成熊貓眼，那就很棒啦。

核心成員在每天早上都會寫下例行公事，其詳細度令我瞪大了雙眼。光是雷蒙的行事曆就有一頁半那麼長，而且還是單行間距，當中列出各種細節，連燕麥要怎麼泡都寫得清清楚楚。

「我知道看起來很龐雜，」傑克是經驗豐富的照護員，社區派他來訓練我，幫助我瞭解雷蒙的日常：「但你越熟悉雷蒙，就會越瞭解這些細節有多重要。他的醫療需求很複雜，所以我們一定要小心進行。」

我們走進雷蒙充滿陽光的溫暖臥室，傑克說了聲早安，雷蒙也善意地回應，然後發出那有點詭異的呼嚕聲，聲音很響亮，聽起來很開心。那震動聲充滿了整個空間。接著，傑克替雷蒙脫下睡衣。

我反射性地撇頭，然後又逼自己回頭看。傑克一刻都沒停，先是戴上乳膠手套，又把一條亮眼的黃橘色沙灘巾鋪在雷蒙的輪椅上，同時還不斷對我說明：「他坐進輪椅後，一定要綁上骨盆帶，並把楔形墊卡好，然後把他的腳放到腳踏板上，千萬不能偷懶，不然會有危險。」

我點點頭，一邊寫筆記，一邊迅速在心中消化這些新資訊。

接著，我們進入浴室。傑克開始放水，確定水熱了之後，讓雷蒙改坐到一張塑膠的淋浴椅上，然後替他塗肥皂。潮濕的空氣充滿整個空間，抽風機的風扇不斷吹出漂白水、肥皂和男性身體的味道。雷蒙再度發出呼嚕聲，洗髮精在他頭上搓出的白色泡泡看起來有點像天使光環。即使有個陌生人在一旁看他洗澡，他也完全不覺得尷尬，甚至還開心地晃動。傑克替他沖掉洗髮精時，他發出咯咯的笑聲，臉上笑容滿面。

我站在充滿肥皂氣味的蒸氣之中，感覺詭異至極，心中有一股情緒襲來，似乎有點像是忌妒。我無法這麼自在地看待自己的身體，也不曾好好地做自己以得到如此深切的滿足感。雷蒙身體虛弱、得依靠他人才能維持起居，卻能從自己身上找到喜悅。對他而言，接受旁人的幫助不是什麼大不了的事，更不會因此陷入自我批判的心情。

戀愛幫我上了一堂課

有句話是這麼說的：「學生準備好以後，老師自然會出現。」在方舟的第一年，我就遇到了兩個老師。雷蒙教會我，即使身體脆弱，也能喜悅地生活；另一位老師則是哈利，他讓我看清了自己的怯懦與軟弱。

我原以為加入方舟後，就能把過去的痛苦拋在腦後，但雖然我已不再剪痣，卻還是很擅於傷害自己。在我看來，懲罰自己是愛的表現，甚至是一種義務。總而言之，當時的我還有很多要學。

哈利跟我一樣，是新加入方舟的助手。認識他那天，我是微笑著下班的。他很迷人，但卻讓我想到〈你有麻煩囉〉（You're in Trouble）這首經典兒歌。幾週後他約我出去，我一時衝動就答應了。不管根據歌詞中的訊息或一般常識，我都警告自己，不要跟他交往。這個男子跟我還不熟，就說出了自己的創傷，更別說我們還是同事。這顯然是個不明智的決定，我猜想自己會後悔，卻還是忽略了所有的警訊。當時是令人心情爽朗的夏季，我對新生活躍躍欲試，而我們的閱讀品味又很像。我怎能拒絕這一切呢？

我們的關係就像童話故事一般，我被迷得神魂顛倒，哈利則似乎愛得比我更瘋狂。他早上會把紙條塞在我的門縫裡傳情，還說想見我家人。他不時都熱情洋溢地待在我身邊。不過，即使是在愛眼朦朧的熱戀初期，我都覺得胃裡有一種不對勁的抽痛，那時我才瞭解到：他確實是很喜歡我，但他好像也真的很怕沒有人陪。

你有過那種感覺嗎？頭腦還沒察覺到危險，但身體已經先發出警訊了。如果你長期漠視身體所發出的訊號，那就很難聽出它無聲的指令。多年來，你一直在壓抑不滿、厭惡的感覺，藉此來討好他人，所以失去了一些本能，變得容易被利用。一般來說，聰明的身體能發出警告，對你說：「危險，不要過去！」要是你無法感知到「不對勁」的訊號，那情況可就不妙了；你仍會合理化那些不自在的狀況，並責怪自己想太多了。

面對黏TT的哈利，我就是這樣處理的。我用媽媽對我說過的話來責怪自己，而且語氣和她一樣羞辱人：「妳花太多時間一個人看書了！妳都不想跟大家在一起嗎？妳這樣一直躲在自己的世界裡是不行的！」當我察覺和哈利的關係有點不太對時，我馬上就認為問題出在自己身上。

美國作家海瑟．哈里萊斯基（Heather Havrilesky）說得好：「可靠的男人懂得慢慢認識對方，不會猴急。他們不介意獨處，做決定後不會一再反悔。」

幾週後，哈利就結束了我們旋風式的戀情，表面上是說要跟前女友復合。我難以接受，於是對他大吼，還引用電影《公主新娘》（*The Princess Bride*）的台詞，滿懷恐懼地罵他是懦夫，然後就把自己鎖在房裡。我完全崩潰了；我對他很生氣，但更氣我自己，還一再地責怪自己為什麼沒有早點把他看清。

面對這閃電分手的場景，我處理的方式遇到威利發狂時一樣。我用其他生活目標來轉移注意力，偶爾也會躲進衣櫃過度換氣。在怒火奔騰之際，我對哈利冷處理了大概一天，然後就故技重施，把心中那些「負面」的感覺強壓下來，努力地保持平靜、成熟，最重要的是，我想維持自己那聖潔的靈性。

坦白說，我之所以那麼做，其中一個原因是為了維持形象。我才加入方舟不久，所以不想讓大家覺得我軟弱、無法走出分手的傷痛。我以為自己應該展現超人般的復原能力，也以為只要某些事情做得更好，哈利就會重新愛上我。

每個人都曾突然失去很重要的東西，也大概知道那種手足無措的感覺，總會想方設法要解釋當下的情況。對我們這種習慣討好別人的完美主義者來說，分手時沒有得到明確的理由，就會認為錯在自己身上。雖然當「戰犯」的感覺很糟，但我們已經習慣這種模式，甚至能從中獲得些許的安全感。把自己視為問題所在，反倒會讓人有種錯誤但難以抗拒的掌控感，心想：「只要我變得更完美，對方就會明白我的好了！」

但事實上，我們並非無所不能，也不是超人，無法控制對方的想法、感覺與行為；再說，對方會做出某些選擇，也不一定與我們有關。

諮商師瑪格麗特．保羅（Margaret Paul）在她的書《內在連結》（*Inner Bonding*）裡曾提到，有個當事人跟她分享被約會對象放鴿子的事：

「你好像把這件事怪在自己頭上，認為他沒出現是你的錯……但你有沒有想過，或許他其實也放過其他人鴿子？」

「我完全沒想過，只知道他讓我空等，害我覺得自己好像有問題。」

「所以你覺得，只要自己沒問題，就永遠不會有人虧待你。只要把所有事情都做對，就可以控制對方，確保他們不會讓你失望。」

我在方舟工作時，就是抱持這種錯誤的信念。我以為只要把所有事都做對，就不會再難過和受傷。

禪修大師雷蒙

在悲傷、失落之際，我把雷蒙的房間視為避風港，只有坐在他身邊，我才能感到平靜。在多數的日子，我會敲敲他房門的邊框，而他會點頭對我示意，然後繼續推他最愛的字母塊，或翻他那一大疊雜誌。我們不怎麼說話，但他為我提供了空間。他不會評判我或任何人，去找他就像享受休息時間一樣，讓我可以暫時不必那麼努力，不用像平常那樣「堅強」。有時，我們會看著外頭的鳥在枝葉間跳舞，觀賞多數人都沒注意到的芭蕾表演。我沉浸在他的陪伴中，就好像有季節性情緒失調症的人進行光照治療。

每天我都會在六點半到雷蒙的房間展開晨間工作，而他通常已經醒了。一開始要幫他洗澡時，我總覺得很害怕——要是我哪裡做錯，害他跌倒該怎麼辦？後來我替他抹肥皂時，會試著唱加拿大歌手莎拉・麥克拉克蘭（Sarah McLachlan）版的〈聖法蘭西斯禱文〉（Prayer of St. Francis），幫助自己集中注意力並保持穩定，而雷蒙似乎也聽得很開心；我唱歌時，他會低聲地哼、咯咯發笑，並帶著笑容看我。

到了晚上，我會幫每個人刷牙、用牙線去除齒垢，接著進行物理治療，完成後才上樓回到自己的臥室。我的房間就在雷蒙的正上方，他偶爾發出「廁所」這種緊急呼叫時，我就會比別人更快聽到，並趕緊去幫忙。也因為如此，我每晚都能聽著他的呼嚕聲入睡，就好像在聽安眠曲一樣。我在威利的隔壁房間心驚膽跳地睡了那麼多年，上天總算以此來補償我。

隨著日子推移，我越來越尊敬雷蒙。一般人如果陷入他的處境，大概會變得憤世而離群，但他沒有。他從出生的那一刻起就面臨許多苦難，病痛是家常便飯，急診室就像自家後院，但他本人卻宛如禪修大師一番，散發著平靜的氣息。

他身體虛弱，心靈卻十分強壯；他不怕展露脆弱，願意讓所有人接近。無論是誰到照護之家看他，或在星巴克對我們微笑，他都會想跟對方握手，那種待人的方式是毫無遲疑與拘束的。一開始，我並不知道這樣的處世態度其實有風險。我無法想像有誰會不跟他握手，應該沒有人能拒絕這種全心全意的熱情吧？但其實我並不瞭解，他每次伸出手都像在賭博一樣。

但某天在星巴克，這事還真的發生了。雷蒙伸出手，對一個西裝筆挺合身的商務人士煥發笑容，但對方只是冷漠地回瞪了一眼。他打量雷蒙的輪椅和身體的殘缺，然後不發一語地刻意轉身背對我們。雷蒙的手仍懸在空中，但臉已經垮了下來。

我真的很想往那名男子的臉上狠揍一拳，但也只能先坐下來，緊握自己顫抖的雙手。當我回過頭去看雷蒙時，他已平靜地在啜著咖啡。跟我比起來，雷蒙被拒絕時的態度成熟多了。他繼續過自己的人生，完全沒把剛才的事放在心上。他這樣的舉措讓我瞭解到什麼才是真正的力量：真正堅強的人，會願意冒險，對他人敞開心胸，但即使對方不回應，也會願意放手，因為這才是愛自己的表現。

用工作來逃避失戀的痛苦

可惜的是，我並沒有把雷蒙充滿智慧的親身示範記在心裡。我在方舟的第一年後半段過得很不快樂，因為我無法放棄跟哈利復合的念頭。我們每天都還是會見到對方，他雖然已經跟前女友復合，但仍跟我維持好友關係，而且似乎不覺得彆扭，但這對我來說，卻十分折磨。

而我應對的方式就是不斷問自己：「我究竟是哪裡有問題，又該如何解決？」我努力工作，想成為最頂尖的照護員，整個人也瘦了一圈。有好一陣子，我假裝不介意，但後來卻又寫了一封信，說我有多在乎這段感情，更慘的是，我還真的把信交給哈利。我對他敞開了心胸，卻遲遲無法收回。

如果你也做過這種事，那肯定知道這會讓人多麼疲憊、多沒尊嚴。每一天，我都必須用盡全力，才能保持沉穩、風趣又條理分明的形象，就好像參加一場長達好幾個月的試鏡，內心不斷掙扎，想搶回已被別人拿走的角色。雷蒙的精神我一點都沒學到，比起他的平靜，我根本就在光譜的另一端。

現在的我已經瞭解到，無論你多在乎一個人，企圖恢復和對方的關係也不一定是愛自己的表現。有時候，你必須要有這樣的領悟：原來我苦苦追求的關係，對我來說一點也不健康。努力彌補總會有點成效，但只會讓你更有藉口去迴避內心的傷痛。你全心全意地在「改變自己」，就可以不去正視戀情已經結束的痛苦事實。

聖誕節時，我終於體認到兩人不可能復合，於是便按下了自我毀滅的按鈕，不過這次，我自虐的方式並不是剪瀏海或亂喝酒，而是過度工作。自我傷害再次帶給我掌握全局的感受，我心想：「雖然哈利傷了我，但要比誰傷我最多，我可不會輸。」我開始用另一種方式傷害自己，照護工作也成了我新的癮頭。我沒在私人生活和工作間劃清界線，從來不拒絕任何任務，每天上班十二到十四小時，晚上癱倒在床上，但卻睡不著，只能盯著天花板。入睡就好比投降，但我還不願意舉白旗。

二月時，我左肋骨上方長出一片水泡狀的疹子，痛如刀割，等到我終於逼自己去看醫生時，他一看我的皮膚，竟縮了一下，沒跟我四目相交，只是在病歷表上草草寫了些字，同時說出診斷結果：「是帶狀皰疹，絕對沒錯。」

「什麼？我以為只有老人會得帶狀皰疹，我才二十二歲欸。」

「老人是比較容易得，不過別忘了，我們可是在華盛頓特區呢，壓力也是會引發帶狀皰疹的。有這種狀況的年輕專業人士我看過不少，尤其是政治圈的人。」

聽到他這番話以後，我眼前的迷霧頓時消散，我才終於看清楚情況。幾個月來，我一直不願面對現實，還很努力改造自己，想讓哈利認為我值得他愛。我還刻意把自己累得半死，就好像候選人在四處走訪拜票一樣，但這根本不值，從頭到尾都在折磨自己。

被診斷出帶狀皰疹後，我改變了方向，開始冥想、早睡，並與哈利保持距離，這一切都有助我復原。不過，我心臟下方還是留了一道凸起的難看傷疤，每當我壓力太大或工作過度時，肋骨左上方的神經就會發燙，像是在警告我：「慢下來，否則又要付出代價了。」

全家去旅行

在那一陣子，有天我接到媽媽的電話，一旁還有爸爸的聲音。威利傷害自己、攻擊他們的情況仍然沒有好轉，某天他在大庭廣眾下崩潰，不僅打了媽媽，還把整個遊樂場的孩子都給嚇壞了。她在電話上說了這件事，我一聽之後，驚恐到完全無法動彈。

「媽，妳還好嗎？」我好不容易才說出口。我人在方舟的寢室，腳很用力地磨著鋪滿地面的綠色地毯，心裡想著：無論重複幾次，聊這種事還是這麼難受。

那她又怎麼回答呢？「喔，沒事啦，我沒問題，只是內心很有陰影而已。」

這回答很矛盾，在我聽來一點都不合理，但我又不知道該如何有禮貌地回應她。我很想放下電話，改聽窗外那些綠色新葉摩娑的聲音，還有從樓下雷蒙房間傳來的模糊呼嚕聲與咯咯笑聲。我的臥室在三樓，在那寬敞的空間裡，我希望能維持庇護所般的神聖氛圍，不想讓威利最新的恐怖事件進到房裡。

但我沒有放下電話。我認為自己有責任，必須堅強地重複聽那些令人心碎的事，所以沒能設立界線，告訴他們「別再說了」。相反地，我還跟爸媽一起計劃去旅行，全家人要到南卡羅來納度假。

不過導致那場家庭旅行變調的，並不是威利戲劇性的大爆發，而是我們某天傍晚去散步的過程。那天，爸、媽、威利跟我要從飯店走到沙灘，那是一條通往海岸的沙徑。有時候大家可以兩兩並肩走，但路常會變窄，所以我們只能縮成一列。威利一如往常地走在最前頭，爸爸跟在他後方，應該是要在接近路口時盯著他；我和他們倆隔了一點距離，而媽媽在我身後。

我一邊散步，一邊抬頭望向天空，看見夕陽的玫瑰色調已漸漸浮現。我聽著海鷗的叫聲，感覺陽光為我蒼白的皮膚注入溫暖，也深吸了幾口充滿鹽味的空氣，心想：「天啊，能休息一下真好。」有那麼一下子，我心中就只有平靜的感受。

但接著，我瞄到在我後方幾公尺的媽媽。她一句話都沒說，可是我卻能清楚感受到她的不悅，就好像她隔著那段距離對我大吼。這時，我馬上就覺得：「我得趕快去後面陪她才行。」

那是一種反射性的想法，來自多年的經驗：即使內向的我需要獨處，如果外向的媽媽想跟人互動，我仍會盡可能地花時間陪她，不過那天，我並沒有按照平常的腳本行事。在方舟跟十二個人一起住了快一年後，我真的不想放棄散步時的獨處時光。

走到沙灘時，媽媽追上我們了，但她在啜泣，肩膀不停地抖。

「親愛的，怎麼啦？妳怎麼了？」爸爸問。

「媽，妳還好嗎？妳哪裡受傷了嗎？」我問。

媽媽吸了一口氣，然後強硬地對我說：「對！我覺得很受傷，因為妳不陪我一起走，妳丟我自己一個人！我也只是希望我唯一的女兒愛我、陪我走走而已啊。」她抽噎著抹掉兩頰的淚水。

我覺得胃好沉重。沒能主動預測她的情緒需求，難道我就不會有罪惡感嗎？我暫時忽略那股罪惡感，難道也錯了嗎？又或者錯的是她對我的期望呢？

言語所造成的傷害不亞於身體受虐

那件事促使我更仔細地審視了我跟媽媽的關係，還有我們多年來培養出的相處模式。我離開家，在方舟建立了新生活後，有了不同的觀點；時間與距離都讓我看到以前沒留意到的許多事。

打開雙眼並不容易，生命中的關係出問題時，人經常會有股撇頭不看的衝動。我們很容易想逃避現實，堅稱自己的朋友、家人和伴侶都沒問題，或至少很快就會變好！作家阿約德吉・阿沃西卡（*Ayodeji Awosika*）在《真正的幫助》（*Real Help*）一書中說的沒錯：「看不清真相的主因在於，我們將關注的焦點放在『事情應該如何如何』，而不是當下實際的狀況。」

正視有問題的關係並說出實話，其實很需要勇氣。察覺情況有異時，若能以正確的用語精準描述問題，就有助於找到解方。（話雖如此，我還是必須強調：點明相處上的狀況，並不等於替對方診斷其症狀。這並不是我們的責任，留給諮商師和精神科醫師去處理就好。）

理解下列概念的含意，我們就能更加明白，上面那個故事背後所存在的問題。此外，我也提出一些解釋，那對我自己和客戶都幫助很大。希望各位能以此為起點，開始找出生命的癥結。若你和對方已陷入惡性的互動模式，關係瀕臨崩解，請多加溝通並尋求支援。（要是不知道該從何開始，請洽各地的衛生機構。）

情緒照護（Emotional Caretaking）／相互依存（Codependency），又稱為「關係成癮」（Relationship Addiction）：當事人不想擔負責任去照顧自己的情緒需求，希望由別人來滿足自己。在相互依存的關係中，當事人會把對方當成情緒照護者，並過度依賴對方。兩人共同發展出不健康的相處型態，情緒照護者會提供保護，當事人就無須負責，也不必面對自身行為的後果。但另一方面，情緒照護者也因此有藉口不去正視自己的需求。

親職化（Parentification）：年幼的小孩必須照顧爸媽或手足的身體或心理需求，在這個角色互換的過程中，孩子會受到情緒方面的虐待。

心理虐待（Psychological Abuse）／情緒虐待（Emotional Abuse）：企圖透過情緒或心理方面的操弄來控制、羞辱或傷害他人。

期待他人有讀心術（Expectation of Mind Reading）：不說出心裡想要什麼，但卻期望對方知道，這不但是一種控制性的行為，還會減損你的獨立性和對現實的認知。如果對方一直無法正確預測出當事人的需求與渴望，當事人還會生氣，並虐待對方。在健康的成人關係中，每個人都應該有責任直接說出心裡的渴望，讓自己的需求得到滿足。

心理與情緒虐待行為（Psychologically and Emotionally Abusive Behavior）：包括煤氣燈操控（gaslighting，刻意否認事實，玩權力遊戲，藉此讓對方感到困惑、懷疑）、否定及貶抑（表現得好像虐待行為沒什麼大不了似的），以及刻意使人內疚（故意想讓他人有罪惡感，藉此操弄對方）。其他的虐待行為則涉及口頭攻擊，例如不理性地責怪對方、貶損、公然辱罵、長期質疑對方的動機，以及嚴厲批評等等。

許多人以前都以為，非肢體性的暴力不算什麼，但現在應該都知道了：言語攻擊和情緒虐待也一樣傷人，有時後果甚至更糟糕。美國心理學會（American Psychological Association）二〇一四年的報告指出，「情緒受虐或被冷落的小孩所面臨的心理問題，和曾經遭受身體或性虐待的孩童相似，有時情況甚至更嚴重」。諮商師彼得．沃克（Pete Walker）在《如果不能怪罪你，我要如何原諒你？》（*The Tao of Fully Feeling*）一書中寫道：「言語和情緒虐待綜合起來，就是最致命的武器，能摧毀孩童的自尊。」

你一定能好起來，但首先，你必須瞭解自己受過哪些傷害。

除了要以適當的用語描述失調行為外，找出令人平靜的思維模式也一樣重要。找到療傷的空間，對自己溫柔地說出「這樣的感覺很對、很真實」，那你就能得到力量。這種平靜不必汲汲營營地去爭取，只要觀察生命中的養分源自何處，並慢慢朝那個方向前進就行了。

待在雷蒙身邊如此療癒，原因就在此。他很擅於為他人創造空間，而且不會從情緒層面對人施壓，我在他身邊時，無論自己處於怎樣的狀態，都不會有壓力，可以跟他一起哭、一起笑，要說話或沉默都可以。

有些人會覺得雷蒙身體不便，必須坐輪椅、仰賴他人，生活形同受困，但我很確定他的心是堅強而自由的。我之所以知道，是因為跟他一起生活後，我覺得自己得到力量、壓力也被釋放了。

真堅強與假堅強的差別，身體感覺得到：把他人推開、假裝沒事時，你會覺得痛苦；專心一致、靜如止水時，則會感受到力量。

聽從身體的智慧，就會變得越堅強。

如大海一般的平靜力量

當時媽媽哭著說，希望我能陪她。幾個小時後，我在傍晚時分獨自到沙灘散步。沙還是熱的，但可以感覺到正迅速在降溫，不久後，天空的顏色便褪去，海也變得一片漆黑。我盯著那片黑暗，看了好一陣子，然後訝異地發現自己竟然開始說話。

「妳聽好，」我說：「妳給我聽好，我很生氣，真的很生氣！為什麼一切都不順利，我他媽的這麼努力，但卻怎樣都不夠，媽好像期望我是什麼會讀心術的超級女兒……」

我越講越小聲，停頓了一下，接著深吸一口氣。「但我現在想要說的不是這個，」我提高音量，開始大吼：「聽好了！我想要的是跟哈利復合！我一直假裝沒有，但其實想得要命。我知道這樣很蠢，但還是很想回到他身邊。」

我彷彿是拿著收訊不良的電話在說話：「妳懂嗎？妳有聽見嗎？這是我的人生計劃，我要妳趕快跟上腳步，開始配合！」

這時我才發現自己其實是在禱告，只是語氣和以往都不同。我鎖在心中的所有真實想法，全都赤裸不已、毫無掩飾地衝了出來。

我也突然發覺自己大概像個瘋子，接著更驚覺自己是真的神智不清。我毫無預警地開始發出輕笑，又變成大笑，然後轉為啜泣。生活中的所有跡象，不都已在在顯示我的計劃不管用了嗎？我病得還不夠重、還不夠累、不夠心碎嗎？

除了海浪聲以外，四周一片寂靜。我深呼吸了幾次，思考是不是該為自己對神怒吼而感到羞愧，但卻一點罪惡感都沒有，反倒覺得有隻無形的手將我撈起，並放入某個平靜的空間，那感覺就好像坐在雷蒙身旁一樣，而且更沉穩。

我感受到一股萬分仁慈的力量，好像完全摸不透，但又打從心底覺得很熟悉。我靜靜地坐在那兒，和那股力量共處了一會兒，或許是二十分鐘，也或許是兩小時，總之，我就只想處於當下，哪裡都不想去。

然後，那股力量對我說話了，並不是透過一般語言，而是用情緒的話語對我說：

我可以承受妳的傷痛與憤怒，妳把那些情緒全都發洩出來，也不會損耗到我的心神。妳無須在我面前表現出超人般的堅強，事實上，我完全不需要妳為我做任何事。我會一直在這裡陪妳，守護著妳。

我知道妳想跟哈利復合，但我只想輕聲地說：「親愛的，我為妳準備了其他美好的計劃，一定會令妳感圓滿幸福，這次就相信我吧。」

我的身體能感覺到這番話是真的，那字字句句就好像我眼前的廣闊海洋，不斷向外延伸。說起來實在很有趣，出於自尊心，我一向不想聽這些實話，但現在卻最能撫慰我的靈魂。

當晚，我心中湧現一股神祕的確定感；後來再體驗到那種感受，是過了幾年，雷蒙去世的時候。雖然當時我早已不在方舟工作，但他過世的那一刻，我卻能清楚地感受到他的離開。那天晚上，我一如往常地在做例行的事，可是踏出浴缸時，卻突然感覺到一股深層的平靜與自由，而且還環望四周，好像覺得會見到老朋友。

我知道那一定是雷蒙：他回家了。他的靈魂已自由，心智也已昇華。那股力量強得讓我訝異，但在內心深處，我又不感到意外。畢竟他讓我深深瞭解到，只要勇敢敞開心房，宇宙中某股恆久的力量必定會給予回應。

那次的深刻體驗提醒我，要相信自己的內在覺知，並去體察真正的自我，也就是在我死後仍會繼續存在的那個部分。

如果你不快樂或深陷於傷痛中，不妨試著改掉強迫症般的習慣，不要一味照顧他人，而是多關注自己內心深處的真實想法，並問問自己：「我是如何冷落或傷害自己？」

除了自我虐待、自我忽略外，旁人也會這樣對你，搞不好你已受害多年。察覺到這種惡性模式後，請務必要給自己哀悼、生氣的空間，勇敢喊出：「這樣不對！不公平！我最討厭這樣了！情況不該如此！」

等到驚嚇感退卻、情緒穩定下來後，你必須好好思考另一個問題：未來你該肩負什麼責任？顯然不是控制或改變他人，但你必須負責照顧自己。你該如何在所處的環境與關係中照顧自己？面臨危險時又該如何自我保護？

我還住在方舟時，是照顧別人的專家，不但看顧同住的人，也會照料家人與朋友，他們需要我時，我隨時都在。可是在自我照顧方面，我卻是個不熟練的新手。事實上，打從一開始我就搞錯方向，我誰都不欠，只欠自己一份關懷。

那麼，願意好好照顧自己是什麼感覺？照顧別人的癮頭又發作時，你該如何提起勇氣，開展出新的局面？又該從何做起？

坦白說，我也還在摸索，不過以下我會教各位令我獲益良多的具象化練習。

不欠人練習

第六式：找回身體的感覺

慣於討好別人、尚未完全放鬆的完美主義者容易被腦袋裡的想法制約，而且向來都不太相信身體的反應。不過，說不定最好的決定不是來自無止盡的理性思考與解釋？能幫助你正確走出下一步的，也許是呼吸、皮膚和身體機能這些近在眼前的訊號。

無論何時，身體都知道我們需要什麼，它是非常優質的資訊來源，但我們卻經常摒拒、忽略它的聲音，並花上許多時間與精力來壓抑真實的感覺，因而精疲力竭。

那麼，我們該如何找回力量、練習相信身體呢？以下這個方法簡單卻非常有效。

在哈佛接受訓練的社會學家暨人生教練貝克表示，人生就像小時候玩的尋寶遊戲，尋寶者一靠近標的物，負責藏的人就會說「熱」，反之則會說「冷」。這個遊戲最棒的一點在於，即使尋寶者不知道要找什麼，也有可能獲勝。重點在於，要注意藏東西的人所給的提示，以判斷自己是逐漸靠近物品、還是越走越遠，只要適當地改變方向，讓對方一直說「熱」，最後就能找到寶物了。

在真實生活中，該怎麼玩這個遊戲呢？其實方法很直觀，但實踐起來不一定容易。針對生活中的各種選擇與事件，身體都會產生不同的反應，我們必須順從它們的頻率，充分信任它們的指示，而不要想依賴理性來解釋。在一對一指導客戶時，我會使用貝克的方法，她稱為「身體羅盤」。在《找到自己的北極星》（*Finding Your Own North Star*）、《靠星光定向》（*Steering by Starlight*）和《在瘋狂新世界中找到自己的路》（*Finding Your Way in a Wild New World*）中，貝克都有詳細說明這個概念，這三本書也都很棒。

從負面感覺著手（就如尋寶遊戲中的「冷」），通常會比從正面（也就是「熱」）來得容易。我跟客戶討論生活的目標時，他們比較容易說出「不想要的東西」。所以各位可以先想一個絕對不可能讓你感到自在的情境。

以我個人為例，以下這個狀況會讓我非常不自在：「高中上數學課時，隔壁坐的那個同學，表面上跟我友好，但其實老是想控制我。」我一想像自己身處在那個環境，身體就開始有反應：喉嚨變緊、肩膀縮緊，胃也沉了下來，就像困在監獄裡，這就是我的「冷」。

相反地，我如果想像自己在跳芭蕾、聽著最愛的歌做花式溜冰、跟最好的朋友出遊，或跟丈夫依偎在一起，就會覺得輕鬆、開朗又快樂，臉上也會露出笑容，彷彿像小鳥一樣自在；這就是我的「熱」。

請各位試著觀察，身體在面對日常各種事件、環境和人物時，會有什麼樣的反應。請不要去用理智去思考，而是要注意你身體所發出的訊號。

請記得，如果是比較複雜的體驗，就得加以分析，因為它冷熱元素兼具。舉例來說，你很喜歡跟同事相處，但不喜歡你們一起負責的工作。總之，練習過程會有一些小細節要注意。

在接下來的這週，請觀察你的體驗，秉持科學精神，仔細探究做自己的感覺。進辦公室時，你感覺如何？為了派對精心打扮時，感覺又如何？是變冷還是變熱？

此外也請記得，身體發出清晰的訊號時，理智會跳出來陳述一堆理由，叫你不可信任身體的感覺。這時，不妨重溫先前的練習，試著質疑自己的想法、批判與自我侷限的念頭。

第7章

順從他人就是背叛自己

家庭是中心點，會將限制性的身分或角色加諸在成員身上。而我們會陷入迷亂的狀態，代表過於認同自己在家庭中的角色，因而沒有察覺到個人經驗中的重要層面。說到底，會有這種迷亂的情況，是因為家庭要求成員順服，不讓他們展現真實的自我……對此，脆弱的小孩根本就沒有辦法說不……他們只能接受家庭給予的唯一選項，倉皇地尋求破碎的安全感與歸屬感，但代價卻是捨棄真正的自己。

約翰．費爾曼（John Firman）及安．吉拉（Ann Gila），
《原始傷痕》（*The Primal Wound*）

我們都承擔了太多責任、活得太聽話、答應太多人和接下太多計劃，把自己搞得壓力很大。我想提供你一個方法，它讓我省下許多時間、金錢與精力，我是從作家德瑞克·席佛斯（Derek Sivers）那兒學到的。在你必須做選擇時，請問自己一個簡單的問題：

如果有人問你要不要做某件事，你是否會回答「一定要」？如果不會，那就代表你不想。你的選擇只有兩種：「一定要」，或是「不用了」。

當然啦，這種邏輯並不是在所有情境中都一體適用，如同席佛斯所說，剛踏入職場時，確實應該擁抱每一個學習機會，但在某個領域已累積大量專業知識，或時間已填滿時，以「一定要」和「不用了」的二元架構來思考會很有幫助。

請問問自己，在怎樣的情況下，你會真心說出「一定要」？其實，你頂多只想擠出一句「再看看」，但表面上卻仍滿懷熱情地答應，這是為什麼？你在假裝什麼？如果你說出真心話，情況會如何改變？

一般而言，「再看看」背後的潛台詞都是「不想」，只是不敢誠實回答，而這種壓抑會令人十分疲憊。不再以「再看看」當藉口，雖然會讓人很不安，但也會令人自由。

舉例來說，你的網路行事曆上記下不少活動，但其實想參加的項目不多。不如直接放掉吧，在回覆處按下「否」，然後去體會心裡那些無謂的罪惡感：「你應該要多參加社交活動！大家都想去欸！你不要那麼孤僻好嗎？」

在接下來的幾分鐘內，你可能會覺得自己非常糟糕。原本你什麼事情都會說好，但現在你的個人意識有點瓦解，自尊心也大受打擊。你會覺得，就算勇敢拒絕是好事，但執行起來還是有難度，所以還是重拾過去的老習慣，什麼都答應會比較輕鬆。

但幸運的是，這種不自在的感覺終究會消退。被罪惡感纏身時，不妨使用我在《過猶不及：如何建立你的心理界線》（*Boundaries*）中所學到的技巧：把罪惡感視為值得開心的事，把愧疚感視為進步的跡象，甚至一有糟糕的感覺，就要替自己歡呼喝采！

書中這段話說得好：「有趣的是……內心的敵對意識若有反應，反而代表你在靈性上有所成長……如果你內心的權威者沉默不語，沒有以『你怎麼可以……』這樣的話來引發的你罪惡感，那代表你仍被它所囚禁。所以，我們鼓勵大家把罪惡感視為值得開心的事，這代表你有在進步。」

多加體察內心深處的真實感覺，就會越來越上手，等到不自在的感覺退去，留下的就只有活出完整自我的甜美感受。等到你不再與自己對立，就能夠感受到自由，並發覺你其實不欠任何人，沒有誰能逼你順從。

改掉過去的習慣，開始學著拒絕他人。一開始，你會覺得好像失去了從前的自己，這的確是一種苦樂參半的體驗。這一切我都經歷過。你必須抱持信念，即使設立人際界線，你還是能得到他人的愛。

無法抗拒別人的要求

在海灘上感受到宇宙力量的那晚改變了我，讓我看見另一種可能：我不必汲汲營營地努力、不必傷害自己，也能得到愛。各位大概覺得這份領悟會讓我的生命好轉——長期而言當然有，但短期而言，卻使我痛苦不堪。

人不可能一邊欺騙自己，一邊還跟宇宙的力量保持連結。如果你覺察到那股力量後，還繼續為了討好他人而折磨自己，那只會更痛苦，因為你知道其實你可以活得更好。我重回在方舟鞠躬盡瘁的日常後，內心的痛苦與矛盾更加劇烈了。我開始看見自己執迷不悟的一面，而過去那些自我犧牲的舉動，只會加速關係惡化。我不願意把心力留給自己，所以身心狀態都非常差。我逐漸發現，我習慣什麼事都答應，反倒會被某些人所利用。

某個星期六下午，就在我要上樓小睡一下時，同住在方舟的直屬主管貝卡蹦蹦跳跳地進了廚房，對我微笑。我一見到她，心就沉了下來。

我跟貝卡剛認識時很合得來，我們都喜歡看《痞客二人組》（*Flight of the Conchords*），也都喜歡玩《華盛頓郵報》的填字遊戲，但她無預警地請了很長的病假以後，我們的關係就有點變了。照護之家的其他員工手忙腳亂地接下她每天的工作，幾週以後，我能感覺到大家都已越來越不滿、疲憊。

而我爸媽也沒有比較輕鬆，甚至還比我更累。當時，二十一歲的威利已從特教學校畢業，但因為行為問題，不知道接下來該怎麼辦，所以每天就待在家裡，按照詳細的清單做各種家事、寫數學題並重複一組一組的運動。爸媽為了監督他而調整了工作時間，全家人都持續地被消磨，他們累，我也很累，只要看到誰很輕鬆的模樣，心裡就會感到憤恨。

即使如此，貝卡走進廚房時，我仍擠出微笑。我不想讓新成員伊科覺得團隊的氣氛很緊繃。我想讓他看看在方舟生活有多棒，也真的很怕他離職，畢竟如果有任何新照護員離開的話，剩下的人要分擔工作，那可就很辛苦了。

「嗨，卡羅琳！」貝卡輕快地說：「妳現在沒當班對吧？」

「呃，對啊，」我嘴上這麼說，但其實心裡在想：「幹嘛明知故問？妳明明就知道我準備要去休息了，畢竟班表是妳排的啊（幸好妳沒有連這項工作都丟給別人）。不過妳的髒衣服都是我們在幫忙洗的。」為了轉移注意力，並避免她發現我氣得冒煙，我用開朗的語氣說了一句：「裙子很好看喔！」

「謝謝！」她說：「這件裙子的設計很活潑對吧？」我點點頭。她的確打扮得很好看，應該是睡完懶覺起床後，慢條斯理地著裝，再塗上唇蜜；相較之下，我則是一醒來就開始照護工作，連做八小時，到現在還穿著起床時的瑜珈褲。貝卡轉了一小圈，展示她的裙子，看得我怒火中燒，心想：「看起來身體還很好！轉圈不會頭暈，但卻沒辦法工作？」

結果我發現，她還不只是轉圈不會頭暈而已。「我某在大學工作的朋友今天晚上有派對，」她說：「妳可以載我去嗎？公務車沒人登記使用，我已經查過了。妳載我去就好，不會很久的，可以嗎？」

我彷彿被狠狠揍了一拳；我吞下一口水，覺得胃裡的怒火燒得比煉獄還烈。她竟然要我大老遠地載她去開趴？我有聽錯嗎？我看著她純真的大眼，才發現她是認真的。貝卡跟我不一樣，她就是有辦法毫不愧疚地提出要求，且毫不遲疑地打破我媽從小就對我灌輸的規矩：「請人幫忙的時候，一旁絕對不能有第三者在場，這樣被請託的人會有壓力而不得不答應；這對他是不公平的。」

「沒錯，貝卡的要求真不公平。」我心想。我實在好累，已經沒力氣再幫忙了。我張開嘴巴，準備要說「抱歉，我真的很需要休息」，但卻有一隻無形的手阻止了我。我不曉得那隻手為什麼要掐住我的喉嚨，也不瞭解說真話為什麼變成禁忌。我只知道那隻手一輩子都跟著我，而且力量很強，比疲憊、憤怒和常識都來得更有力。

我身上的每一條神經都在吶喊：「不行，妳不能答應貝卡，這次不行！」但卻也有某幾條神經不合群地對我說：「但卡羅琳，妳得讓伊科看看社區成員是如何照顧彼此。妳必須效法耶穌的精神！媽媽有說過，耶穌都犧牲自己被釘上十字架了，所以妳也一定做得到，對吧？」

在這個念頭的侵襲下，「好」這個字就這麼脫口而出了。

我一說出口就馬上想收回，但已經來不及了。貝卡跟伊科都對著我笑。

「哇，」伊科說：「你們真的都很互相幫忙耶。」

「對啊。」貝卡附和。

「我先去一下廁所，」我咕噥了一聲，然後便閃過角落，躲進廁所，把設計得很寬、讓輪椅可以通行的門鎖上。我撐在白色的陶瓷洗手台邊緣，在鏡中看見自己臉上的絕望。

「妳還是可以拒絕的，」我心裡有個小小的聲音這麼說：「她可以搭公車或地鐵，妳不必這樣對自己。」

但當時，忽略自己真實的想法已成了我的慣性模式：我太習慣這樣的生活了，反正再多犧牲一次，再忽略一次內心深處的感受又如何？

我搖搖頭，勉強地對自己嘆氣說：「就去吧，把她載去就是了。」

但在我和貝卡走下鐵樓梯、嘎吱踩過碎石車道時，向來很能自制的我，卻感覺到自己失控了。在我轉動廂型車鑰匙的那一刻，一股受困、絕望的感受突然升起。一路上，貝卡不時想跟我聊天，但我就只擠得出很簡短的語句，像是「嗯」、「哪裡轉彎」等等。鎖上社交功能的確很沒禮貌，但最可怕的是，我一點都不在乎。

那天密西根大道上出了車禍，造成雙向車道堵塞。我開著廂型車緩慢前進，一再地踩油門、煞車、油門、再煞車——這種一再重複的節奏，總讓人覺得快要發狂。我必須很努力地控制身體，才能避免自己尖叫、大哭或換氣過度。最後，貝卡口中「不會很久」的車程，花了我一個多小時。

「哇，也塞得太嚴重了。」貝卡說。

我悶不吭聲。我好想殺了她，但更想殺我自己。

維持健康的界線

慣於討好他人，就是會面臨這種矛盾。我們之所以願意幫忙，是因為想當善良的好人，並希望別人也這麼認為。可是，如果你罔顧自己的需求，藉此討好他人，反而會變得緊繃、憤怒，最糟糕的是還會充滿憎恨，根本當不了好人。

無法自我同理，對別人也不會有真正的同理心。在《勇氣的力量》（*Rising Strong*）中，美國社工系教授布芮尼．布朗（Brené Brown）提到她的觀察：「有同理心的人會依據自己的需要提出要求，必要時也會拒絕，但一旦答應，就是真的答應。他們之所以有同理心，就是因為能確立界線，避免憎恨對方。」

這個原則太重要了。如果沒能劃清界線、照顧自己，很難不產生怨恨的情緒，還會覺得對方是迫害者，只想逼自己順服。你會把自己視為受害者，但害到你的，其實是自己不明確的界線。

貝卡那天要我載她是不公平沒錯，但她並沒有逼我，是我自己選擇坐進小貨車，逃避拒絕她後會出現的罪惡感。結果，我卻還是因為憎恨她而感到愧疚。

以我的經驗而言，只要答應別人你用盡全力也做不到的事，你很快就會開始憎恨對方。要想從憎恨中解脫，自在地與人相處，最快的方法則是維持健康的界線。

作家吉兒伯特寫道：「學著維持適當的界線、活出完整的自己，並說出心裡實際的想法，否則你一輩子都無法放鬆。你會活得像逃犯一樣，不斷逃亡、躲藏，始終害怕暴露真實的自我。如果缺乏健康、適當的界線，你的心靈會不斷承受焦慮、緊繃的情緒，深怕誰又再提出要求、讓你無法招架。只要他人有所期待，你都沒辦法拒絕。」

我剛開始方舟在工作時，就是這種感覺：面對大家的期待與盼望，我完全無法拒絕。當時的我並不知道，其實我不欠任何人，不必對所有人都順服。

命中注定的那個人

終於，我開到貝卡朋友家的門口，她很快地打開副座車門，謹慎地說：「謝謝妳載我來！」當然也很識相地沒有拜託我回來載她。

貝卡關上副座的門以後，我馬上開始歇斯底里地大哭，被我強壓下去的所有情緒全都一擁而上，我哭到嘴裡甚至有膽汁的味道。在大口抽氣的空檔，我用嘶啞的聲音對自己大吼：「這樣不行，妳這樣不行！」

我知道這樣真的不行，但不曉得該如何解決問題，除了繼續努力工作以外，我根本不知道該怎麼做，所以在貝卡幾週後搬走時，我又答應接手她的管理職，把更多責任往自己身上攬，像是安排每個月跟團隊成員的一對一會議。「唉，這下我可沒辦法再避著強納森了。」我心裡懊悔地想。

在我跟家人去海灘度假的那週，強納森搬回方舟社區。在我加入團隊前，他已經在社區當過好幾年的照護員，所以我第一次看到他，其實是在方舟簡介手冊的封面上。當面見到他以後，我覺得他看起來跟照片一樣，英俊又有種高深莫測的感覺，似乎非常有智慧，也極度自律。

當我發出善意、主動攀談時，強納森卻完全不跟我對眼，對於我充滿熱情的問題，也只是快速簡短地回答。一開始，我覺得很受羞辱，一顆心彷彿縮了起來。我想他大概不大喜歡我，因此我也放膽地在他面前展現自己——反正我怎麼做都無法引起他的興趣，何必浪費力氣呢？而且新工作已經夠我忙了。

每當我們在完成晚間的例行工作後，都會擊掌鼓勵彼此，我總覺得有股電流從我手中流過。後來我總是默默地期待碰到他手掌的那個剎那。但這都不代表什麼，因為我們之間絕不可能有情愫。只要我太操勞，帶狀皰疹在我心臟下方留下的那道傷痕就會隱隱作痛，對我而言，這就是最好的提醒：對暗戀的人大膽採取行動，代價有多慘烈，我可是一清二楚。

於是我下定決心告訴自己：對於強納森的回歸，我只能懷抱感激，不能別有居心。方舟的人多半都是理想主義者，所以理性的他顯得有點格格不入，但我們非常需要行事風格不同的夥伴。他回到方舟的第一週，就把低瓦數的燈泡全部換掉，讓整個空間明亮許多。相較之下，我們其他人默默忍受多年來的昏暗燈光，從沒想過要做些什麼。

我和強納森的首次一對一會議，是安排在某個冬日。那天，我梳好頭髮，整理了灰色貼身毛衣，還戴上項鍊——上頭掛著兩把銀製小鑰匙，是祖父在祖母喪禮過後送給我的禮物。原本它們一直被收在天鵝絨珠寶盒裡，沒有人知道能用來開什麼鎖，但對我而言，卻象徵我找到另一半的心願，就好像找到那命中注定的鎖頭。我踩著重重的腳步下樓，要去跟強納森碰面，心裡卻不禁感到自責：「妳幹麻花時間打扮啊？花點時間寫下要討論的主題還比較實在，那傢伙可是比《傲慢與偏見》裡的達西先生還不苟言笑欸！」

「嗨，今天好嗎？」我開口問。強納森一如往常地很準時，已經在後門等了。

「還不錯，妳呢？」他回話時對我點頭，微微一笑。

那友善的信號使我臉紅，我馬上低頭盯著已磨損的靴子，嘴裡說道：「我很好，謝謝。那，我們不妨出發吧？」心裡則數落自己：「天啊，卡羅琳，不要再這樣正經八百地講話了！妳還真以為自己是夏綠蒂．勃朗特書裡的角色啊？」

強納森替我把門壓住時，一陣冰冷的風吹來。「哇！比想像中冷欸。」我們從後門走入小巷時，我一邊不住地發抖，一邊這麼說。

我沒有直接看強納森，但有感覺他在看我。他只穿了一件輕薄的黑色羊毛外套，底下則是他招牌的白色素T，但看起來一點都不覺得冷。不過，他卻問我：「太冷了就回去吧？」語氣中透露了關心與擔憂。

「沒關係，是有點冷沒錯，不過我老是手腳冰冷。呃，你也許有發現，每次你把空調的溫度調低時，過沒幾分鐘我就會調回來。抱歉啦！」（「拜託，不要再這樣碎碎念了！」我心裡的批判之聲對我怒吼。）

「去星巴克怎麼樣？」他問。

「好啊。」星巴克就在一個街區外，所以不用走太遠。

到了星巴克以後，他又再替我把門撐住。強納森來自阿拉巴馬州，雖然說話沒有腔調，但在禮節上還是很有南方傳統。進到店裡後，我不禁鬆了一口氣，因為暖氣開得很強，而且我很喜歡烘咖啡的濃郁香氣。

「你去找位子，我去點東西吧？跟平常一樣，方舟請客。」我說。

「我要熱巧克力，不加鮮奶油，麻煩妳了。」

我端回飲料後，喝了一口咖啡：「啊，我今天就是需要這個味道。你的熱巧克力如何？」

「還好，」他說：「妳要喝喝看嗎？」

「真的可以嗎？」我挑起眉頭問，認為他只是說說而已。在照護之家，所有人都知道強納森是不跟別人分食的。

「真的。」他把格紋桌面上的熱飲外帶杯推到我面前。

「呃，好啊，」我露出微笑，很高興他為我破例。我喝了一小口，然後驚呼：「哇，好好喝喔。」

「還可以啦，」他說：「但Caribou的熱巧克力更好喝，應該是我喝過最棒的。」

「哇，那應該真的很好喝吧，」突然間，我勇敢了起來，甚至變得有點像在調情：「或許下個月面談時可以去那邊，來個飲料評比之類的。」

「好啊！」他說，接著我們倆都微笑低下了頭。後來，我們聊起核心成員的照護狀況和每週的工作時程，甚至還聊到那陣子在看的書，聊著聊著，我也忘了緊張。那場面談進行得還算不錯，我當下的感覺，就跟留在我嘴裡的香濃熱巧克力一樣，十分甜美。

在我們短暫的談話空檔，店裡放起了〈花栗鼠之歌：聖誕節別遲到〉（The Chipmunk

Song（Christmas Don't Be Late）。我一開始還沒聽出來，但花栗鼠尖細的聲音出場後，強納森便以完美的音準，一起唱了起來。

我咯咯發笑，他也越唱越誇張，等他唱到要搖呼拉圈的那句歌詞時，我已經上氣不接下氣地笑到歪腰了。歌曲結束後，我坐直身子說：「天啊，真是……太讚了，就算現在突然發生什麼事，我也可以笑著死去啦。」

而強納森只是滿臉笑容地看著我。

不滿一直在心裡堆積

下一次面談時，我跟強納森確實去Caribou喝了熱巧克力，也開始交換喜歡的書，並在核心成員都就寢後熬夜聊天。我很喜歡跟他說話，但在流感季節不好好睡覺實在不太明智，所以不久後的某天，我就打了電話給朋友艾娃，說我沒辦法一起吃晚餐。

「艾娃，真的很對不起，」我一手扶著劇痛的頭，另一手握著手機：「我今天實在好累，沒辦法去。」

「小卡羅，妳怎麼可以不來！」艾娃一如往常地不放過我：「曼蒂大老遠地來找我們耶！」

我點點頭；她說的沒錯。我們的好友曼蒂和她先生艾倫這週末特地飛來華盛頓特區，我怎麼可以臨時放鴿子呢？

「但艾娃，我狀況真的很差，好像生病了，真的很不舒服。」

「那妳現在趕快休息，待會兒就會好一點了。我們要去Lauriol Plaza餐廳哦，那邊的瑪格麗特調酒很棒，今天一定能玩得開心。」

我一想到龍舌蘭和墨西哥菜，胃就開始翻騰，但結局又一樣。我還在後悔上次開公家車載貝卡，但這次又莫名地答應了——我一開始打這通電話，不是想取消嗎？我憤怒又挫敗地丟下手機，躲到棉被裡緊閉雙眼。

在我昏睡過去前，我還在回顧，艾娃好像每次都能成功說服我去接受她的要求。過去一年半以來，她老是在跟我約好要碰面時遲到，而我只能在各家咖啡廳裡壓抑著不悅的情緒等待。我很少拒絕過她，也從沒設下界線以保留自己的時間。我總是對她太好，好像我對她有所虧欠，要對她順服。這些事情我想不出個頭緒，於是就睡著了。

那天晚上，艾娃見到我的時候很開心：「耶，妳還是來了！」我的精神暫時振奮了一下，但我們到人潮擁擠的餐酒館跟曼蒂和艾倫碰面後，我就跟不上大家的對話，更別說是要發言了。抵達幾分鐘後，我就打斷了他們的談話：「各位，對不起，我真的很不舒服，要出去透透氣。」

外頭的空氣寒凍，但我仍脫下外套和圍巾，又覺得站著頭昏，所以搖搖晃晃地走到公車亭，跌坐在很硬的灰色長凳上。「一定是發燒了吧，」我心想：「所以冷空氣吹在臉上才這麼舒服，強納森說他天氣熱時會站在家裡的冷凍庫前面，可能就是這樣的感覺吧？」

家……如果現在就能回家，要我做什麼我都願意。但這時，艾倫走了出來，我只好試著打起精神。

「曼蒂要我來看看妳的狀況，妳還好嗎？」他問。

「我……呃，我也不確定，」我沒有正面回答，但也說不出其他答案了：「我沒辦法進去，裡面太熱了，我無法呼吸，只能待在外頭。」

「好吧，」他說完後，我們之間一陣尷尬的沉默：「那希望妳等一下會好一點。」他說完後就回去了。

我又獨自待了一下子，後來才突然發覺：「看來我今晚是無依無靠了。曼蒂沒出來看我，艾娃也沒有；但我怎麼老是讓艾娃稱心如意地控制我呢？」

暖男適時出現

「心裡不想但嘴上卻答應」，這種做法的最大好處在於，這樣我們就不必探究誰是真的愛自己，而誰又只是喜歡你好講話。不過，什麼都答應的人也有一個致命傷；事實上，你不可能永遠逃避真相。你終究會開始感到遲疑、疲憊且厭倦，無法每次都滿足各個親朋好友的要求。這樣的情況發生時，大家的反應會讓你很害怕，但同時，你也會從中得到一些啟發。

那天晚上，我坐在餐廳外那個公車站的長椅上，得到了這個領悟。我看了公車時刻表，但字母很糊，而且那一班公車也都不準時。我只能伸頭張望，祈禱會看到公車的亮燈，但什麼也沒看見。

現在怎麼辦？我從皮包裡拿出手機，打了方舟的電話，結果是強納森接的。

「喂？」

「啊，嗨，強納森，是我，卡羅琳。呃……」我不想向他承認自己的軟弱，但也實在無法模糊帶過：「我人在Lauriol Plaza，本來跟朋友吃晚餐，但身體很不舒服，好像是生病了，可能走不回家。我知道你在值班，不過可不可以幫我看看有沒有其他人在？或許……他們能過來接我也說不定？」我羞愧不已，覺得自己的行徑跟貝卡一樣，居然去拜託已經很累的人來載我。

「真糟糕，妳還好吧？等我一下，我去看有沒有人在。」強納森說。

一會兒過後，他回來了：「抱歉，一個人都找不到，畢竟是星期六晚上。」聲音聽起來是真的很擔心。

「要是可以的話，我一定會馬上去接妳，」他這麼說，我也知道他是真心的：「但雷蒙已經睡了，而且又有規定的問題……」

「沒關係的，我知道你不能離開。」我邊說邊用力嚥下快要衝上喉嚨的膽汁。因為華盛頓特區的醫療補助規定，只要核心成員在，那現場一定要有兩名合格的照護員留守。

我還是很想吐，但又感到一陣尷尬，於是趕緊說了一句：「抱歉打擾到你了，我會再想辦法的。」

就在這時，巴士出現了。「巴士來了！感謝老天，」我說完便準備掛上電話。

「太好了，」他說：「妳小心點，待會兒見。」

我也不知道自己是怎麼辦到的，總之，我成功上了公車，下車後還從站牌走了半個街區回家，並不斷祈禱著不要吐在路上。我設法打開了後門，不過意志力只幫我撐到最近的一張桌子。我坐下後趴在桌上，聽見班·李（Ben Lee）的歌〈為愛賭上一切〉（Gamble

Everything for Love）從廚房的音響傳來，這時，另一位照護員派特羅出現，開始跟我聊天。

接著強納森進來了。他看了我一眼，然後用西班牙文對派特羅說：「拜託你安靜一下，放卡羅琳一馬吧。」派特羅聽了也乖乖閉嘴。那是我第一次聽到強納森用西班牙文說話並唸我的名字。「卡羅琳娜……聽起來好優美啊，我好喜歡他這樣唸我的名字，就好像在唱歌似的。」我心裡這麼想。

「妳感覺如何？」強納森問。

我呻吟道：「不太好……」

「妳看起來糟透了，來，我倒點水給妳喝吧。」他說完倒了一杯水，放在我眼前。「無論身體是什麼狀況，補充水分後都會好一點。妳會餓嗎？」

「可能有點餓，但我不確定能不能吃得下東西。」

「那吃點吐司吧？」

強納森把麵包放進烤箱，然後準備去看核心成員的狀況。「妳待在這裡，我馬上回來。」他這麼說，而我也相信他是真的會回來。我趴回桌上，用手墊著頭，突然想到這並不是強納森第一次照顧我：之前有次他看到我拿香蕉，就主動從櫃子裡拿了花生醬遞給我；看到我發抖時，也會拿毯子給我，某一次甚至還幫我包在肩上。

一會兒過後，強納森確實遵守諾言，拿了一片烤得恰到好處的焦香吐司過來。我啜了些水並咬下幾口，補充能量過後，終於有力氣能艱辛地走上樓梯，不過接下來整晚都在嘔吐。

隔天下午，輕柔的敲門聲讓我醒了過來。早些時候，艾娃有傳簡訊，曼蒂也有來探視。我是很感激，但實在擠不太出力氣來跟她們聊天。那天我幾乎一直都在睡覺。

「請進！」我說完後，強納森便拿著一盤食物出現了。

一看到他，我馬上就想到身上還穿著匆忙套上的睡衣。我在燒得頭暈腦脹之際，隨意拿了一件難看又笨重的灰色長袖運動衣，胸口處印著「仙境會議中心」，這是之前參加WCG青年僻靜營時發的。不過，尷尬之火只燃燒片刻就熄了，我實在沒力氣再去想有多難為情。

「哇，謝謝你拿東西來給我吃，」我說：「我這腸胃型流感實在很折磨人，勸你最好不要中獎。總之，謝謝你昨天那麼照顧我。」

「別客氣。」他說。

強納森帶了吐司和湯給我，還有一條薄荷口香糖。

「很聰明喔，還知道要帶口香糖。」

「謝謝誇獎，」他回答：「生病時總是很難起來刷牙的。」

「你實在想得很周到耶。」不知怎麼地，我突然不覺得需要別人幫忙有多尷尬，只覺得他這麼關心我，讓我很感動。

「不用客氣。」語畢，他在我房裡停留了片刻。他棕色的雙眼很深邃，在他轉身前，我似乎在裡頭看見了一絲堅定的溫柔。

他並沒有說什麼浪漫的話，我也不願去想他是不是喜歡我，但幾天過後，我蹣跚地下床，發現地毯上有張紙條，就夾在門底下，是從宿舍碎紙籃裡撿出來的一張破紙。其中一面是醫療訓練課程的講義，內容是關於肛門塞劑該怎麼用，但另一面則是強納森招牌的潦草字跡：「卡羅琳，回去睡覺！反正我都起來了，早上的事就由我來處理吧（強納森）。」

強納森從沒對我說過甜言蜜語，但他幫我找出休息的空間，幫我處理早上的例行工作，讓我可以回去睡覺。「親愛的床，我來了！」我爬回棉被裡，把紙條塞在枕頭底下，在睡著前，心裡還想著：「就算他沒有喜歡我，只把我當朋友，這都是最棒的情書。謝謝你，謝謝你，實在太謝謝你了。」

無限給予不是交朋友的好方法

不過，生病無力反倒也讓我跳脫了平時在方舟的模式。得了流感，我才有餘裕去思考生命中的人際關係，心中也慢慢萌生出這樣的認知：「我不能再用以前的方式去處理人際關係了。我以前再怎麼精疲力竭，也還是要幫別人，但自己卻無法放心接受別人的協助。強納森照顧過我那麼多次，後來我只要看到他就會覺得很難為情，甚至還一直避著他。艾娃和曼蒂硬拉我去聚餐，我對她們很不滿，但我更氣的是自己，因為我為了討好別人，一再忽略自己的健康與幸福。我該怎麼做，才能改掉這個習慣？」

我必須以全新的角度看待「幫助別人」的意義，重新定義這件事。那麼，有沒有什麼方法能讓我在不忽視自己福祉的情況下對他人付出？

如果你也一直在思考這個問題，那請放心，答案是「有」。

離開方舟多年後，我讀到《給予：華頓商學院最啟發人心的一堂課》這本很棒的書。作者亞當．格蘭特（Adam Grant）把給予者分成兩種，成功的那一種會在個人的能力範圍內為旁人付出，他稱之為「利他型給予者」（Otherish Giver）。他們能確立健康的界線，同時維護自己與他人的利益；兩者兼顧，不會犧牲任何一方。

相反地，比較不成功的那一種則會不斷給予，直到精疲力盡，格蘭特稱之為「無我型給予者」(Selfless Giver)。這種給予者無法對任何人說不，所以總是累得要命，而從前的我當然就是那樣。我曾經以為，如果沒有對他人鞠躬盡瘁，就代表我很自私。我們常誤以為當給予者就是要「無我」，就是要把每一分力氣都用盡，但其實這並不是唯一的路。如果想找到更好的方法，就必須設定新的生活模式，捨棄從前討好他人的習慣，真正開始尊重自己的界線。

這在現實生活中該如何實踐呢？格蘭特在書中舉了一個例子：許多學生想尋求某位大學教授的指導，讓他應接不暇。他很想幫忙，但又覺得自己總是被學生的要求追著跑，所以後來決定公布固定辦公時間，規定學生只能在這些時段找他諮詢。這聽起來或許很簡單，但請想想，你是否也曾被電子郵件或電話圍攻？又是否曾設下界線，規定自己只在某些時段回應？但受到當前的社會風氣所影響，我們都是毫不遲疑地認為自己必須隨時待命。

設立界線的想法猶如禁忌，許多人只要一改掉原本的給予模式，心情就好像要被流放到邊疆一樣。通常，恐懼會是我們最立即的反應：要是大家討厭我該怎麼辦？

當這種擔心與憂慮浮現時，請先質疑它的合理性。「要是大家都討厭我該怎麼辦」，請探究這種想法的根源。不妨問問自己：「我為什麼會相信自己必須拯救他人、拋棄自我？我會希望愛我的人知道我有這種想法嗎？我為什麼會覺得對別人有所虧欠，所以必須聽他們的話？」

最近我也在找尋這種預設立場的根源。我本以為是威利的病情或參加WCG的經歷所致，但當我靜下心來思考、追溯內心的感受時，回憶卻帶我回到上幼稚園的第一天。

爸爸帶我出發前，媽媽抱了我一下，並對我說：「小卡羅，我也很希望能陪妳去上學，但仔細聽著，我有件很重要的事要告訴妳：我去上學的第一天，外婆也是這麼跟我說的。」她停頓了一下，露出追憶往事的笑容，然後又繼續說：「想交到朋友的話，就去找個看起來比妳更害怕、更難過的小女生，跟她自我介紹，對她好一點，這樣她就會很開心，會更願意跟妳當朋友了。妳做得到嗎？勇敢一點。」

我點點頭，媽媽眉開眼笑地說：「很好，趕快去吧，上學愉快。」

爸爸下車陪我往教室走去時，我一點都不覺得勇敢，想要假裝堅強，內心卻很害怕。課堂助教要幫我拍照時，他叫我笑一個，而我只好強顏歡笑，以掩飾內心的恐懼。爸爸在我背後輕輕一推，我遵照媽媽的指示，走向一個在啜泣的小女孩。我用力地吞下口水，免得哭出來。那個女孩子的外型跟我很像，只不過頭髮更捲，而且比較短。

「嗨，我叫卡羅琳，」我害羞地說：「妳叫什麼名字？」

「珍，」她含糊不清地說：「我不想上學！我想找媽咪！」她那宛如小鹿斑比似的棕色雙眼哭得發紅。

「呃……我們可以一起進去，」我頓了一下，然後鼓起勇氣問：「那個……妳想跟我當朋友嗎？」

「可以嗎？」她眼睛亮了起來：「好。」

媽媽說的對，就是這麼簡單。交朋友並不難，只是我連自己都游不好，又要如何拯救快淹沒的人。

這就是我對友誼的認知。外婆和媽媽都是出於好意，但這種交友方法，只是在犧牲自己：無論自己的情緒如何，只要看到別人難過，就必須想辦法讓他們開心起來，滿足他們的想法與需求，藉此換取對方的好感。我和他人建立連結的方式，就是壓抑自己的感覺，把力氣全都用在幫對方調整心情。

如果當初媽媽提出別的建議，那我的成長過程也許會不同。我可以去找個看來很害怕的小朋友，告訴她我也很怕，讓我知道自己並不孤單；或是憑著直覺，去找個看起來善良而親切的小朋友，試著跟她交朋友。

一直到現在，我都仍在練習：體察自己的感覺，觀照各種生活體驗，試著與他人產生連結，並根據自己的感受來決定是要答應還是拒絕；無須覺得自己對別人有所虧欠而一味地順服。我想用另一種方式學習堅強，以便有足夠的力量來照顧自己的心靈。

不欠人練習

第七式：追溯能量的起源

這是非常棒的靈性練習，發源自完形心理學（Gestalt psychology）。這門學問的基本原則是「整體大於部分之和」，重點在於助人培養對於實際體驗的認知與瞭解，讓人不再受制於對它們的想法與評判。這項練習我是跟優秀的團隊 The Clearing 學來的，後來又根據指導客戶的經驗進行了一些調整。當你對生活感到沮喪時，不妨試試這項練習。

請記得，這是情緒層面的深度練習，所以最好可以找你可以信任、有經驗的指導者來帶你進行，譬如人生教練或諮商師。不過，你本身也具有一些療傷所需的資源，所以我相信，你會找到最適合自己的方式去練習。只要找個安靜、私密，而且有兩處可以坐下的地方，就可以開始了。

請先集中心神，平靜地用愛包圍自己，方法和先前相同，其實只要沉靜下來，去感覺心中的愛就行了，無論對象是小孩、伴侶或寵物都可以，重點在於啟動「給予」和「接收」的感受。接著，請設下一個旨在療癒的正向目標，我通常會說：「我的目標是達到最深層的自我療癒。」

再來，請回想你是否曾想拒絕別人，卻仍違背自己的心意而勉強答應。或是想想有什麼事件讓你很不開心，尤其是你覺得自己有點反應過度的那種情境。請回顧當時的情緒亂流在你體內騷動時的感覺，並詳細寫下身體的反應，特別是最有感覺的部位？你是感到冷或熱、沉重或輕鬆？當下的感覺是尖銳還是沉悶？身體還有哪裡覺得不舒服？

舉例來說，悲傷讓你喉嚨緊鎖、胃部發冷，就像一池寒凍的水。你可以用上各種比喻，但重點要放在身體的感知，而非理智層面的解釋。舉例來說，「我覺得他不應該那樣」就是理智上的評判；「我的胃裡一陣劇痛」才算是感覺。

最先浮現的感覺可能是憤怒，這是很正常的，各位不用擔心。請詳細地描述那種感受，並允許自己探究得更深一點：你心裡還有什麼感覺？憤怒之下藏著什麼傷痛？當你碰觸到創傷、脆弱的一面，出現痛苦的情緒時，就代表你成功了。

把這些不自在的感受留在身體裡，一下下就好，然後問自己：「我第一次有這種感覺，是什麼時候？」

盡可能地追溯那股情緒能量的起源。這時，為了向內探查，你要阻絕外界的所有刺激，閉上雙眼應該會頗有幫助。你必須翻找許多回憶，才會發現你要找的癥結點，但請保持耐心與平靜。你要找的是一種共鳴感，就像補上最後一塊拼圖。

你的心可能無法理解這種諧和的感覺，也不會相信過往的回憶和現在有所連結。但沒關係，你現在還不需要從理智層面去瞭解，只要探索身體內的那股能量連結就行了。

如果你覺得到處碰壁，找不到最初的回憶，那就把不自在的感受留在身體裡，並問問自己：「我覺得現在的自己幾歲？」最先浮現的數字就是正確的答案。

找到特定的回憶或歲數後，就開始與年幼的自己進行簡短的對話。雙眼閉上，邀請從前的自己進入你所處的空間，想像他就坐在自己的對面。感覺到對方已坐定後，請打聲招呼並感謝他前來，花上片刻端詳，觀察他的反應與姿勢。

保持雙眼緊閉，問他一個簡單的問題：「你現在感覺如何？」

問完後換到另一個座位，坐到年幼自己所坐的位子。

然後回答剛才問的問題。你是以年幼自我的身分在跟現在的你對話，記得使用第一人稱，用小時候的語氣説話，譬如「我想」、「我覺得」，而不是「十八歲時的我覺得……」。

你一開始會覺得很古怪，但沒關係，實際嘗試一下，看看結果如何。每個成長階段你都經歷過了，而這項練習是為了幫助你體察自我意識中的不同角落。你可以藉此接觸到被屏蔽的感覺與真實想法，這跟先前學過的換手寫字很類似，只不過現在是執行角色扮演。

讓年幼自我把心裡的想法全都說出來，不要壓抑、美化或審查，讓他把想說的都說出來，為他提供抒發感受的空間即可。此外，也請維持寬容的態度，讓他完全坦誠，知無不言。

如果他需要更多引導，你可以再問更多問題，譬如「你過得快樂嗎」或是「你現在面臨什麼狀況」，接著再從年幼自我的角度出發，用他會使用的說詞、語氣來回答。舉例來說，成人後的你會說：「她會對我大聲，是因為她有嚴重的情緒問題，所以才容易生氣。」相較之下，小時候的你會說：「我不喜歡她吼我！我覺得很害怕！」

讓年幼的自我暢所欲言後，請再度換位，回到成人自我的位子上，撫慰年幼的自我，然後再問他：「你需要什麼，才會覺得被愛而且有安全感？」

接下來請再換位，並詳細說出發自內心的回答。請盡可能地說出最真實，通常也最簡單的答案。小時候的你總會說「我想要一個擁抱」、「我想回家」、「我想要爸媽在這陪我」等，無論如何，成人的你專心傾聽就行了。

回到成人自我的位子，盡你所能地滿足兒時自我的要求：如果他想要擁抱，請用雙臂抱住自己；如果他希望你聆聽，請承諾你會做到，會定期體察自己的感受。這樣一來，你才能和不同時期的自己建立互信，進而療癒過往的創傷。

你可能會好奇：要是年幼自我要求的東西我給不了，那該怎麼辦？如果他希望得到父母的擁抱，但雙親都已經過世了，那該如何是好？

如果是這樣的話，請尊重他原本的要求，不要企圖說服他，並做出承諾，盡你當下最大的能力去滿足這個需求，你可以說：「我知道你希望父母抱你。他們現在不在這裡，不過有我在，我會擁抱著你。我愛你。」

你的年幼自我是個小孩，而孩子都需要有信任的人能給予愛和關懷，並滿足他們的需求。孩子需要有人提出保證，即便他們的心願不能完全實現，只要不會被丟下就好；否則他們就得獨自處理沉重的情緒。

滿足年幼自我的需求後，就可以進入最終的步驟：交代你希望他知道的事。我通常會問客戶：「你希望年幼的自我知道哪些事？你想對他說些什麼？」這時，他們會展現出令人驚奇的愛與智慧。可以的話，請錄下或寫下你對兒時自我所說的話，這樣往後就能一再思索、強化那些精神。

最後，請謝謝年幼時的自己來跟你說話，並感謝已成年的你鼓起勇氣進行這項強大的練習。完成練習後，請務必要對自己非常溫柔。我必須重申，這是一項深度的情緒練習，就某種程度而言，有點類似情緒手術。你要療癒的是很深的傷，會需要很多能量，所以請記得補充水分，到戶外走走放鬆一下，找時間小憩或早點睡，並讚美自己的表現。

第8章

理直氣壯，無須多做解釋

女人最具革命性的作為，就是不解釋自己的作為。

道爾〈我支持你和我享有相同權利的權利〉，
（I Support Your Right to Share My Rights）

這些年來，我指導過不下數百人，雖然他們的處境各有差異，但根本上的想法經常相同，都想翻轉生命。

他們都想換地方住、想做不一樣的事，最重要的是，也都想改變心情，想要變得快樂、自信又自由，想和其他人平起平坐，不想要覺得輸人一截。

最近，我越來越能判斷出誰有辦法開創新局，誰又無法改變。我發現關鍵因素有三項：第一是「言出必行」的能力，也就是能否全然執行承諾——他們答應自己或別人以後，是否會說到做到？

第二是「挖掘的意願」。我之所以會觀察到這項要素，必須歸功於貝克提出的「基督山」方法。這個名字源自大仲馬的小說《基督山恩仇記》，書中的主人翁愛德蒙・唐泰斯和獄友法利亞神父為了逃獄，花了好幾年的時間挖隧道。

貝克說，如果你受情勢所困，無法逃離當下的處境，只要一點一點地挖，最後終究會挖出一條通往自由的路。但記得，不要像平常那樣讓自己過勞，這條通道不必在一天內就挖成；只要持續投入，就能一步一腳印地釋放自我。

就算你覺得不可能成功，或是必須花上許多時間，也都無所謂。無論如何，你都要盡自己最大的力量去挖。

第三項要素則是「反叛」。要想開創出新人生，就必須啟動內心的反叛精神，而唯有願意破除、搗毀過往的一切，才能展開新局。挖掘通往自由的隧道，是一項創造性與破壞性兼具的任務。對於習慣討好他人的完美主義者而言，一想到要把現況搞得亂七八糟或得罪別人，多少會覺得壓力山大。

想從自我的牢籠中掙脫，就必須要學習忍受那種壓力。若你認清自己的受困狀態，就不該再浪費時間去尋求他人的許可。放手一搏，才能重獲自由。

各位有想過嗎？如果唐泰斯先問獄囚：「拜託，能不能讓我挖一條自由隧道？」那他有可能逃得出來嗎？

你腦海中那個批判者永遠都不會允許你放下從前的人生。效法唐泰斯的精神，你才有可能善用智慧，與自己信任的朋友結伴挖掘，挖出一片嶄新的未來。最重要的是，你不必跟任何人解釋為什麼要這麼做。

以我的經驗而言，男性比較能做出這樣的決定，因為父系社會賦予了他們較大的個人動因（Personal Agency）。誠如本章開頭的引文所述，「女人最具革命性的作為，就是不解釋自己的作為」。對女性而言，光是不解釋、不為自己辯護，也不說明原因，就已經是非常具有反叛精神的行為；這代表她們掌握了個人動因，主宰著自己的人生。如此一來，你就能理直氣壯地活著，無須再向他人多做解釋了。

害怕再陷入情網

每段人生都會有某些轉捩點，就像分水嶺一樣，能劃分過去、現在與未來。我在將滿二十四歲的幾個月前，來到這樣的十字路口，不過當時並沒有發生什麼戲劇性的事件，我也沒有像迪士尼電影（威利一再重看）的主角那樣，跟壞巫婆對抗或身穿晚禮服四處滑步跳舞。事實上，在那個彌足珍貴的日子，我身穿睡衣，整天都獨自待在方舟三樓的臥房，餓到胃都疼了，卻還是不敢出去吃東西。我下定決心，在還沒找到頭緒前，絕不開門出去，偏偏又什麼都想不出來。我來回踱步，只聽見腳上的猴子拖鞋在森林綠地毯上磨出輕柔的咻咻聲，還有我短短三個字的禱告：「幫幫我！」；偶爾，我也會再跟上帝多解釋一些：「拜託，我絕對不能毀了一切。」

我愛上強納森了（不意外吧），但這事有幾個問題。首先，我是他的主管，偏偏方舟有很明確的職場規定，我不能跟團隊中的任何照護員交往。

此外，我一年半前跟哈利分手後，就已知道每天跟前男友見面有多痛苦了；放下真的很難，又無法保持距離來緩解情緒上的衝擊。一切種種都在警告我，不要開展新戀情，但我的心卻無法聽從理智的聲音——因為強納森也愛我，實在太神奇了！

前一天晚上，我們第一次親了對方，一回想起來就既興奮又絕望：我是不是應該投入這段戀情？要是放棄會不會後悔？我一邊思考各種選項，一邊用手指纏繞著大把大把的棕色髮絲。方舟有個焦慮的室友常會扯他那逐漸斑白的灰髮，原因我完全可以理解：頭髮既單純又能撫慰人心，相較之下，現實則複雜又讓人害怕。

我胃裡的感覺跟髮絲一樣千迴百轉，罪惡感與羞恥心纏繞在一起，壓抑著難以平息的喜悅。愛上強納森肯定是不對的，但無論我如何說服自己，都不會改變現實。既然這樣不對，那就得想辦法逃避愛情。我本能地把頭髮上的手移到左胸腔頂部，來回摸著帶狀皰疹留下的凸起傷疤。我不想再冒險、不想再犯錯了。

相信自己，無須向他人多做解釋

小時候我們總覺得犯錯很丟臉，所以長大後也總是努力避免做錯事。我們在童年時學習力很強，也會設法解釋自己的一舉一動，無論做什麼，都會提前想好該如何替自己辯護。對於成長階段的我們來說，這種生存機制確實有效。

可是，我們會帶著這樣的防衛姿態進入成人時期，所以很難相信，「因為我想」是一個非常充足的理由。我們老是在討好他人，希望得到群體的認同，做決定時也總要詳細闡釋背後的原因，非要替自己的選擇辯護不可。所以不管買哪一本書或是請假去休息，我們都想要多加說明，連親朋好友都快受不了。我們似乎相信「自己欠全世界一個解釋」。

我們總認為，找到一套恰當的說法，只要他人能瞭解自己的動機，所有問題就都能解決。但事實上，「一定要解釋自己的所作所為與決定」，這個念頭才是真正的問題所在。

我那天在房裡想找的就是一套解釋，讓旁人覺得我這麼做無可厚非，讓大家和我自己都覺得合理。思緒在腦海裡繞了好幾個小時以後，我聽見自己飢腸轆轆的叫聲。我是很餓沒錯，但焦慮感更嚴重，於是我悄悄走向房間另一側的小衣櫃，拉開門後怒氣沖沖地盯著櫃子裡的角落。眼前就只有幾雙鞋和我以前的花式冰刀溜冰鞋，並沒有什麼可怕的東西，但事情可沒這麼簡單。衣櫃是我把自己藏起來的地方，我只要覺得人生失控，就會在裡頭縮成一團，崩潰到換氣過度。

不過我並沒有走進去。那陣子，地毯甲蟲在櫃子上咬出了一個小洞，還咬穿一件舊的方格花紋裙。房間已經有人來處理過，洞我也用膠帶貼起來了，但對於那個空間還是覺得很遲疑。幾個月來，我都一直不願再冒險探入衣櫃和自己內心的暗黑角落。

在成長過程中，我一直被灌輸全真教會和全然真理（One Right Way）的概念，可是面對當下的狀況，我卻看不見清晰的出路。於是，我發揮了虔誠基督徒的精神，從一大疊書裡找出平裝版的《聖經》，翻閱如米紙般的薄薄書頁，想從最愛的經文段落中找到慰藉，並很努力地告訴自己神並沒有對我生氣。

讀到《馬太福音》裡的麻雀段落時，熟悉的字句減輕了我肩上的壓力：「兩隻麻雀不是賣一分銀子嗎？若是你們的父不許，一隻也不能掉在地上；就連你們的頭髮也都被數過了。所以，不要懼怕，你們比許多麻雀還貴重！」

有那麼多人在方舟照顧住民的日常需求，所以我相信神是真的連麻雀都會眷顧。身為照護者，我見證過身體的脆弱與靈性的堅強，再加上社群成員各有不同的信仰，所以我開始覺得，神可能比我原本想像的更無所不在。或許祂不只是會包容人的軟弱，還會在我們犯錯時與我們同在。那幾週以來，我發現自己的信仰已逐漸朝這個方向改變，就好像靈魂有向光性似的，和植物一樣朝光源生長，而我的內在信念也發生了轉變。

我開始在想，或許神根本不會評判世人。我們不必解釋自己的一舉一動，並害怕地乞求原諒。或許神從來都不希望我們這樣，我應該相信自己那天在海灘時獲得的啟示。我發覺宇宙從來都不要求我付出什麼，也不需要我的解釋。得到這份領悟後，我應該好好體會那種自由的感覺。我根本不需要想出什麼萬無一失的說法，「為什麼我想跟強納森在一起」——愛就是最充分的理由。

但這份剛萌芽的信念和我早年被灌輸的理念並不相容，所以那天，這兩種價值就在我的臥室裡拉扯交戰了一番。我應該要堅守舊有的觀念，還是擁抱新想法？待人處世要繼續秉持完美主義？還是要用比較寬容的眼光看待一切？

「請幫幫我，」我低聲說：「我真的不知道該怎麼辦。」

我等了一會兒，但並沒有得到任何指引，只好氣餒地放下《聖經》。二月天冷，我披上彩虹色的針織毯禦寒，決定暫時揮別絕望，打開筆電看一下工作Email。

我求神幫助，但並沒有聽見天使合音或震耳之聲告訴我該怎麼做，不過，卻看到了同事巴伯寄來的一封信。

巴伯六十多歲，是比較年長的照護員，原本是生意人，但已經退休。他很平易近人，笑起來有皺紋，喜歡講老掉牙的笑話（想必會跟我爸成為好友）。不過，巴伯也有他冥思的時刻，從他轉寄給我的那封Email就看得出來。他在信裡大致是這樣寫的：「嗨，卡羅琳，妳上週開會時的分享讓我想到這段話，所以我覺得應該寄給妳看，希望妳會喜歡！」

在底下，巴伯附上了一段名為「納瓦霍地毯」（The Navajo Rug）的反思，是取自理查・羅爾（Richard Rohr）的書《徹底的寬容：每日冥想》（*Radical Grace: Daily Meditations*）：

納瓦霍地毯的角落總有織得不完美的圖樣，但有趣的是，「這就是靈出入地毯的通道」。這種地毯的圖樣總是毫無瑕疵，但就是有個看起來明顯是織錯的角落，在東方的猶太觀念中，這就是所謂的完美（順帶一提，耶穌的精神和這種觀念相近得多）。所謂完美，並不是要消除所有的不完美（這種想法是源自非黑即白、非得掌控一切不可的西方思維），而是要能夠容納不完美的存在！人生就是這樣：你可以選擇接受不完美，或是讓自己陷入否認不完美的窘境。這就是靈在我們身上流動的規律。

我讀這封信時雞皮疙瘩四起，覺得彷彿有電流通過皮膚；我還四處張望，好像旁邊有誰在監視我。有件事我很確定，這段話不是偶然；這封信就剛好在這一天寄到我的信箱裡，時機實在太過精準。

我不記得自己在開會時說了什麼，但我分享的內容竟讓巴伯寄來了這段意義深遠的引文，實在太過神奇！透過巴伯，過去的我穿越時光來幫助現在的我解決問題，感覺好詭異！連麻雀都會照看的神啟發我的方式，不是透過打雷或閃電，而是經由朋友之口送來恰如其分的訊息；這過程真是非常奇妙。

我驚嚇又敬畏，頸上的寒毛都豎起來了。當下我做出了決定：我要放膽去愛。

我要採取誠實又合乎道德的途徑，先找方舟的主管談談，然後找出可行的方式來解決公司規定上的問題，讓別人來當強納森的主管，而我也會搬出照護之家，自己找房子住。如果有人問我為什麼要這麼做，我也不會為這個決定辯護或找理由，因為我自己心裡知道原因，無須向他人解釋。那是我這輩子第一次相信，只要我自己懂就夠了。

那場令人尷尬的飯局

身為擁有自主權的成人，你可以做自己想做的事，也可以相信自己。這可能會讓你覺得心情複雜又煩躁，在多年來的制約與習慣下，你無法信任自己，但我發現，要想做自己並不難，只要記得「人生很短」這個事實就行了。人都難免一死，所以為什麼要浪費寶貴的時間，對別人解釋你要怎麼活呢？為什麼不跟隨生命的指引，而一心執著於要別人「懂你」呢？

在某次史丹佛大學的畢業典禮上，賈伯斯發表了他著名的演講，他說道：「要想避開患得患失的陷阱，最好的方法就是：記住，你終將死去。面對死亡，人都是赤裸裸地毫無防備，所以有什麼理由不跟從你的心？」

你可以追隨自己的心，相信你的直覺與認知，並跟從靈性的方向，即使旁人不懂也沒關係。有時候，旁人視為「錯誤」的選擇，反而最能為你注入生命力。

至少我是這樣。我和強納森深愛彼此，從交往一開始就非常認真。爸媽和威利到華盛頓特區看我時，我在附近的餐廳訂了五個人的位子，心裡幻想大家能一起享用「見父母」式的平靜燭光晚餐。幾週前，我也跟強納森的爸媽吃飯，出於關心，他們問了我許多問題，對我的笑話也很捧場。我在桌子底下緊握著強納森的手，看到他的家人似乎頗喜歡我，才放鬆了一些。

為了跟家人吃飯，我燙順了黑白色鉛筆裙和緞面上衣，戴上凱爾特十字項鍊，還一邊哼著佩蒂・格瑞芬（Patti Griffin）的歌〈天堂好日〉（Heavenly Day）。那天晴朗無雲，強納森陪在我身邊，我心情很好。更棒的是，大家前一天到方舟吃晚飯時也非常順利！威利拿出了他最棒的一面，表現得優秀，平靜、可愛又好親近。

但我跟強納森跨越凹凸不平的紅磚人行道，在餐廳外跟家人碰面時，威利卻已戴上了大大的抗噪耳機。光是看他那樣，我就已大概知道那頓飯會吃成什麼德性了。

我跟強納森越走越近時，威利瞥了爸爸一眼。「我會當個平靜的乖孩子。」他嘴上這麼說，語氣卻很明顯地有點尖銳。

我一顆心都沉了下來。怎麼會這樣？不過，我仍努力用歡快的語氣說：「嗨，大家好啊！」

「嗨，小卡羅！」媽媽邊說邊靠過來抱我：「強納森，很高興又見面囉！」

我轉身跟威利打招呼，但決定不要冒險抱他，只是靠過去了一些，讓他即使戴著耳機也能聽到我說話。我小心翼翼地輕聲說道：「嗨，親愛的弟弟，小威利金斯先生，你今天好嗎？」我用小時候的綽號叫他，希望能逗他笑。

「還——好。」那個語氣代表他在說：「我很不爽，不要惹我。」

我盡可能用溫婉的語調說：「好，威利，我們要去吃晚餐，點漢堡和薯條就好，很簡單的。」

「很簡單。」他重複道。

「你知道嗎？我一直希望夢想能成……呃，成什麼啊？是變成……紫色嗎？」

我開始跟威利玩他從小最愛的遊戲：故意說錯成語。這樣就能逗他笑。

「錯！」威利堅決地說。

「那是變成……藍色的嗎？」

「不是！」他邊說邊露出一絲非常淺的笑容。

「那是變成什麼？你幫幫我，我想不起來。」

「是夢想成真！」他語帶勝利地對我說。

「哦，對啦對啦！我都忘了。」我說。

威利笑了，不過是一種太過刻意的尖銳笑聲。「完了。」我心想。

吃晚飯時，我們不時地想開啟話題，但一直被威利打斷，最後媽媽只好拿出他最愛的理查・斯凱瑞（Richard Scarry）繪本給他看。威利拿去後，把書翻到我之前已經看過幾十次的某一頁。「或許這可以幫助他冷靜下來。」我暗想。

「強納森，你父母剛從阿拉巴馬州來看你，對嗎？」媽媽問。

「是啊，」他回答：「只有來幾天而已，主要是來見卡羅琳。」他側臉給我一個微笑，而我也像在附和似地往他靠近了一些。

「他們人真的很好，」我說：「他們——」

威利用不爽的語氣打斷我，「我會把這本書再看一遍！」

「強納森，」媽媽又開口：「卡羅琳跟我們說你會彈吉他，之前在錄音室當樂手，後來才加入方舟，對吧？」

強納森剛認識新朋友時，回答都很簡短，但這次他詳盡地跟我爸媽聊他以前的工作。我看得出他在努力，也覺得很感動。

「那很棒呀，」爸爸說：「所以你現在——」

威利又插話了：「二加二是五嗎？」

「不對，威利，」爸爸勉強開了個玩笑：「數學不太好哦！」算錯數學題是威利當時最新的強迫行為，他只要有壓力，就會一再重複錯誤的算式。

「我們來點餐吧，」媽媽說：「威利，你要不加麵包的漢堡和薯條對吧？是不是？」

「對，我要漢堡跟薯條！」威利裝出有朝氣的聲音尖銳地說。

「好，我們會幫你點。」媽媽說。

就在這時，店員剛好繞過角落，所以我忍住了鼓勵威利自己點餐的衝動。點完我想吃的東西後，我靠回椅背，給了強納森一個微笑。

店員轉身後，我抓住機會說道：「強納森錄過艾莉西亞．凱斯（Alicia Keys）的專輯喔！」說完後，大家安靜了片刻，那時我才發覺，我彷彿是把強納森的成就當成魔杖在揮，好像這樣就能把餐桌上的氣氛變好。從小到大，我不也都是這樣嗎？總是想用好成績和乖巧的行為來解決問題。說到底，我還是在演同一齣腳本，只是主角換人而已。

「哇，」媽媽說：「感覺很厲害耶，所以你剛剛說——」

「一加一是四嗎？」在安靜的餐廳裡，威利的聲音顯得特別大。

坐在邊桌的我們勉強繼續聊天，但我已坐立難安。食物終於上桌後，我狼吞虎嚥地把素食漢堡吃光，希望能在威利發狂前趕快離開。威利「數學不太好」的問題，我們不知已回答了多少次，但他全身卻仍散發出焦慮的氣息。

爸爸在結帳時，威利已經站起身來，把書塞進背包，準備要衝出去了。我們走到門口時，剛好看見威利把左拳往牆上砸。我縮了一下。

「威利！」威利自顧自地往前走，爸爸在後頭對他說：「你深呼吸冷靜一下！」

威利仍繼續走，媽媽則回頭向我招手，要我跟上，但我的雙腳卻沒辦法動。

「嘿，親愛的，」強納森輕聲對我說，並拉我的手：「妳怎麼啦？」

「對不起，」我說：「真的很對不起。」

他皺了皺眉，露出我最愛的那種專業神情，想了一下，然後對我說：「我覺得你沒有什麼好道歉的。」

我原以為我欠他一個解釋，但就算真的開口，又該說些什麼？

「他們平常……不是這樣的！」我想這麼說，但這話實在太諷刺，我根本說不出口，因為剛才用餐時的情況在我家是家常便飯，看著爸媽和弟弟走掉時的那種失落感受，我也再熟悉不過。威利心裡有我無法理解的苦，我很為他心痛。爸媽用盡千方百計地想幫助兒子，但每天都會遇上不同的難題，這也讓我很心疼。更令我痛心的，是我們那麼努力地想碰觸彼此的心，卻一再失敗。我想替爸媽和威利多加解釋，但他們都是人，哪有人每天都能表現得四平八穩，永不失常呢？

所以，我決定專心體會和強納森牽手的感覺，體會他發自內心替我擔憂的情緒。「或許，我並不需要再解釋些什麼，」我心想：「只要誠實地面對痛苦，不要害怕我的痛被看見就行了。」

踏入婚姻的光明通道

等到婚禮預演派對的所有客人都離開時（其實我們都在吃吃喝喝），已經過了午夜十二點。我把留到最後的客人從小公寓送走時，理論上已經是婚禮當天的清晨了。那天最早到的是布魯克，留到最晚的則是譚米和她的另一半。

我最後一次關上家門，來到擁擠的廚房，努力想擠出力氣來洗那一大堆沾了巧克力碎片的銀製餐具。過去幾個月內，我的人生歷經許多重大轉變，當下，那些改變的重擔突然如海浪般朝我襲來。

這時，強納森從轉角處出現，而我的表情就像被車頭燈照到的鹿，他說：「有我在，沒問題的，知道嗎？廚房我來清，妳去準備睡覺吧。」他輕輕地擁我入懷，我把臉埋在他肩上，聞到他平時常用的Speed Stick體香膏，和他那天烤的可可香草派。

「真的嗎？」我邊問邊靠到他身上。我已經習慣獨自承擔所有責任了，所以根本沒想到他會主動幫忙，也沒想過我其實可以開口求助。一想到能換上睡衣躺下，由他來洗盤子，我就覺得一切實在美好到太過不可思議，也深深地鬆了一口氣。

「當然是真的。」他從側邊親親我的頭。「這樣可以加分嗎？」他邊問邊揚起單邊的眉，微微露出我最愛的邪惡笑容。

「加不完囉。」

我在浴室的超小洗手台前刷牙時，不禁對著鏡子咧嘴露出滿是泡泡的笑容，心想：「我真是世界上最幸運的女孩子了。」

這時，我聽見我們最愛的歌在客廳響起。我走過去後，強納森對我伸手這麼問：「來跳舞吧？」

客廳溫暖、漆黑又安靜，只有威利・尼爾森（Willie Nelson）在唱〈佛蒙特月光〉（Moonlight in Vermont）。我和強納森沒有一起去過佛蒙特，但那首歌也不是真的在唱某個特定的地方，而是在訴說愛能改變風景，讓一切都變得美好而有意義。我們喜歡這首歌，並沒有特別的原因，只是覺得聽起來感覺很對，但這就是最充分的理由。

那天下午，我們在市中心的一棟歷史建築舉辦了美好的小型婚禮，我最要好的朋友緊握我的手，陪我準備、替我上妝。媽媽燙平我的禮服，讓那件緞面洋裝如瀑布般傾瀉而下；爸爸陪我走入會場（雖然走道只有非常短的一小段），而威利則整場典禮都出奇地平靜，讓我覺得好受神明眷顧。

婚禮結束後，我和強納森站在那棟宅邸寬廣的前廊上，猶如剛出生的稚鳥般為陽光所震撼，就好像通過了漆黑的漫長隧道，終於看見盡頭的光。

你不用厲害才開始，要開始才會很厲害

說到這裡，就不能不提「基督山」方法的有趣之處。前情提要：主角唐泰斯花了好幾年挖隧道，最後他躲在已過世的法利亞神父的屍袋裡，接著被人丟入大海後，才成功逃獄（非常時期，必須用非常手段）。

有些讀者會覺得，他最後逃出來的方法和挖隧道沒有明確、直接的關聯，但我並不這麼認為。

跟法利亞神父一起挖隧道是很關鍵的決定，唐泰斯沒這麼做的話，肯定無法發現其他逃亡的方法，反而會錯失良機。他必須要先違反監獄的規定，在每天挖隧道的過程中做好心理準備，才能在逃獄的最佳時機到來時，抓住機會，並且讓身為牢犯的那個自己死去。唐泰斯最後以包裹屍袋之姿離開監獄，並不是巧合——這象徵他必須讓過去的自己死去，才能逃脫成功。

那你呢？你想為自己的人生開創出怎樣的局面？想逃離什麼樣的監獄，想獲得怎樣的自由？你是否願意讓過去的自己死去，好讓未來的你活出精彩的生命？你準備好要開挖了嗎？

挖掘的過程會比你想像中來得長——我敢保證一定如此——但挖隧道這件事就會改變你，你會一點一滴變得更堅強。

有些完美主義者在學著放下時，可能會認為，自己必須做出某件驚天動地的事，才能一舉和過去的你切割，但事實上，我們只需要有持續練習的意願，並以謙遜的態度安靜地練習反叛。

只要持續練習，你就會有能力勇敢拒絕他人以及發自真心答應別人。你也更能自在地表達自己的選擇，不會急著過度解釋或自我辯護。記得要注意用詞，以直接的說法表達意圖，譬如「我決定要做這件事」，或是「我決定不做那件事了」。

有時，你也必須忍受令人尷尬的沉默，或是掛別人電話。重點在於，你必須承認自己不能總是一味討好他人，而且照顧他人的每一絲情緒也不是你的責任，畢竟人都難免會憤怒或失望，為什麼他們就不行？請記得，要時時提醒自己：「我不欠任何人一個解釋，但我欠自己徹底的改變。」

不欠人練習

第八式：改變用語，改變人生

在自我改變的過程中，你選擇的字詞扮演很重要的角色；語言能帶來自由，但也能使人受困。

在接下來的這一週內，請改變你談論自己與生活的方式。語言會反映及形塑個人體驗，所以改變你說的話，就有機會翻轉你對生命的感知。

我單舉一份研究為例就好。科學家研究了憂鬱症患者的語言模式，發現「有些憂鬱症狀可依據語言結構來分類，若以改善用詞的方式來治療，就有助於改善情感狀態」。

這話聽起來很有學問，其實就是在說：「用詞充滿力量，心情也可能會比較好！」

記住這點後，再請多留意，每次你在解釋自己的所作所為時，通常是處於什麼樣的情境與場合。下次當你發現自己開始辯解時，先暫停一下，觀察自己打算提出什麼說法；你得有意識地打破這種模式，說些其他的話來取代。

以我個人而言，我發現自己在疲憊、焦慮時，特別會想急著澄清自身的決定。所以當我察覺自己又開始辯解時，便會刻意以輕鬆的語氣改變思考方向。

譬如我可能會說：「雖然我還沒把所有的Email看完，但我決定要先去圖書館了，因為等等客戶晚點會打電話過來……糟糕，我又多做解釋了！我不需要再跟人交代什麼，想做什麼是我的自由，多說無益。所以囉，現在我要按下倒退鍵、Ctrl和Alt，刪除！」

懷有無謂的歉意時，我也會引用《簡愛》中的這句話：「我不是鳥，沒有網子能把我困住；我是擁有獨立意志的自由之人。」說出這句話時，我真的會覺得腰桿挺直。

你也可以請親朋好友提醒你是否又多做解釋了。請記得，對方的口氣必須沉靜而又帶著尊重之意。強納森總是會溫和地說：「妳又擔心太多了。」對我而言，這是很好的提醒，而且聽起來充滿關懷，而不是羞辱。

想再進一步挑戰自己的話，那麼請避免使用「沒辦法」、「必須」、「應該」和「一定要」等說詞，除非有百分之百的把握。舉例來說，「我沒辦法獨力把這顆十噸的大石頭推上去」是事實，但「我沒辦法在祖母生日當天打給她」則可能不是。

請捨棄平時慣用的詞語，如「我不想」、「我有事了」，而改用更精確的說法，如「這對我來說不是優先事項」、「我決定先做別的事」等等。

因此，與其說「我不能參加派對」，不如明確地說出：「謝謝你邀請我！可是我時間上不方便，得去處理別的事情」。與其說，「唉，我現在好累，但還是得去照顧寶寶」，不如換個口氣，「我現在有點累，但我決定去陪一下寶寶」。

這項練習會讓你增強人生的掌控力，請實際嘗試，看看效果如何，我自己也已練習了好多年（許多人生教練都會採用這個方法，而我最初是從貝克和作家凱薩琳・諾斯（Katherine North）那兒學到的）。

第9章

把時間與心力用在自己身上

「想離開就離開。」這句話並非叫你遇到衝突、困難或不確定的情況時，就馬上收東西走人。當你真的很希望能離開某段關係，而且這份渴望大過於其他相反或相衝突的選項。若是如此，就表示你想離開的心願很正當，而且那才是正確的選擇，即使你所愛的人會因而受傷。

美國作家雪兒・史翠德（Cheryl Strayed）
《暗黑中，望見最美麗的小事》（*Tiny Beautiful Things*）

之前明明就還不錯啊——你大概也有過這樣的想法吧？無論是工作、談感情或當志工，任何事都一樣，一開始應該都進行得很順利，可是情況卻逐漸走調，但或許變的是你也說不定。不管怎麼樣，你會很想離開，卻把真實的想法當成祕密藏在心裡。

你不想對任何人承認這些事，因為你可靠又有耐心，會堅守在親朋好友身旁，不會一遇到困難就馬上退縮。這些都是很美好的特質，但有時，忠誠會使你盲目，你會用「其實也沒那麼糟」這類的說詞把事情合理化，因而無法認清你必須改變的事實。可是與此同時，你也會越來越疲憊、不安，而且很可能同時被這兩種感覺侵襲，於是體認到不能再繼續硬撐。

所以在什麼時機說出「我受夠了」才算明智呢？

在你發自內心想說的時候。

這聽起來或許很簡單，從某些角度來看也確實不難，但真要實踐時，必須應付腦海中的各種聲音，所以並不是那麼容易。

首先，羞辱之聲會說：「你以為你是誰啊，竟然敢想著要離開？光是有這種想法，就代表你是個糟糕、自私的人！」如果你想辭職，可能也會有個聲稱工作稀少難找的恐懼之聲說：「不准給我辭職，否則你可就要無家可歸了！」最後，還會有令人害怕的兇殘之聲向你情緒勒索：「這個組織和裡頭的成員都對你這麼好！他們是在做好事欸！你付出時間和心力是應該的，不能就這樣退出！」

我二十出頭歲時，曾讓這些聲音動搖我的決定，所以硬是把許多工作給頂了下來，但事實上，那些工作一點都不適合當時的我，也無助我成為理想中的自己。

在公車上情緒潰堤

我全速往公車站衝刺，背包重重地撞上脊椎。「拜託，拜託，今天一定要讓我搭到43路公車。」我在心裡祈禱。我的腿像鉛條那麼重，但仍用力加快腳步，心中一面回想著週二早上的例行工作。要爬出溫暖的被窩，是多麼困難啊！我剛接下方舟阿靈頓分部的主任一職時，完全沒有這個問題，總是能準時起床，走到約八百公尺外的哥倫比亞路站牌，然後輕鬆搭上早上八點的車。但近兩年後，即使我和強納森已搬到站牌轉角的公寓，同一班車卻讓我追得好辛苦。（說到那間房子，我就會想到萬事達卡的經典廣告：在亞當斯摩根社區租一間超小套房，每月一千一百美元；學生貸款，每月三百美元；安靜地獨自沖咖啡、吃早餐，無價。）

但那間套房即使那麼貴，仍不太理想，因為我們倆的工作時段不同，也都極度需要睡眠。當時，強納森已升到方舟照護團隊的管理職，不僅要負責例行的照護工作，還得承擔額外的行政責任，所以也不比我輕鬆。

我本來是打算在出門前把工作Email都回完，但時間實在不夠，只看完五六封，就急急忙忙地用力蓋上筆電，塞進我背包裡那已經滿到快爆開的檔案夾。

我以最快的速度衝過街角，聽見宣布公車抵達的煞車聲，而且車上的黃色燈號顯示43。哈利路亞。43路公車常會好幾站不停，避開杜邦圓環在尖峰時段的瘋狂車陣；更棒的是，車子沒有全滿，我瞄到了幾個空位。

「神啊，謝謝祢！」我邊想、邊感應華盛頓都會區的SmarTrip卡，然後就癱到我看見的第一個位子上。「搭到43路，而且還有位子可以坐。」

我坐好後挪了一下，深吸一口氣，並伸手去拿水瓶。其實我只跑了一個街區，腋下卻已開始流汗，所以便彎腰去確認背包裡有放體香劑和替換用的上衣。其實我們家到方舟阿靈頓分部不到十三公里，但在沒有車的情況下搭大眾運輸通勤，單程就要至少七十五分鐘。

至於強納森雖然通勤時間短，但工作上也有他的難處，譬如時間沒有彈性就是其中之一。我們每週一晚上說晚安時，心裡其實都知道，下次要在意識清醒的狀況下見到對方，最快也得等到週三晚上了。除了例行的照護工作外，方舟也會指派額外的任務給照護員，偏偏強納森又很能幹，所以肩負的責任就越來越龐雜。更慘的是，我們倆都必須輪流待命，把工作手機帶在身邊，以便處理緊急狀況。

我把背包拉到腿上，心想：「真的應該要複習一下會議大綱，今天要跟個案管理師開會呢！」但卻沒把筆記本拿出來，只是盯著窗外，看著聚集在後面幾站的通勤者臉上失望的表情。

我搭到了大家想搭的公車，得到了大家想要的人生，擁有穩定、有意義又有健保的工作，每週有一天可以在家上班，還有我深愛的先生，以及重視、支持我們倆的溫暖社群，實在很幸運，這我知道。

但即便如此，淚水卻還是湧上我的眼眶。我趕緊別過頭，以免隔壁的乘客看到我情緒潰堤。「這是怎麼一回事？」我心想：「我感覺到的是什麼情緒？」最簡單的答案當然就是難過，但我把頭靠到車窗上以後，更真實的感覺開始湧現：「是憤怒……我真的，真的很生氣。」

我重新開始思考當天早上做過的事，想找出我從疲憊變成盛怒的確切原因，片刻過後，就發現是因為我讀到一封主管寄來的Email，內容簡短扼要，是叫我報名某項單日的專業訓練，但我大略看過活動簡介後，身上的每一條反叛神經卻開始發燙。那場訓練辦在維吉尼亞州里奇蒙，開車來回要四小時，而主題是「如何遵循維吉尼亞州針對聯邦醫療補助的新規定」，那正好是我最不喜歡處理的業務：法規越來越嚴格，導致我們必須發狂似地準備大量文件，歸檔工作也無止無盡。坦白說，一想到要去參加訓練，我就覺得還不如直接跳下公車，讓43路壓過去算了。

頓時間，我看清了問題的本質。如果非得去參加訓練不可，我是真的會跳下去給公車壓——至少真實的我會這麼做。幾個月來，我一直把那個我晾在一旁，忽略她想追求不同生活的渴望，但現在，我已經沒有力氣再壓抑自己真實的想法了。

我一直告訴自己，這份工作能讓我服務我關愛的人，所以非做不可。為此，我深信自己必須變得更好、更堅強，並付出更多的時間與心力。但在將近兩年後，我已被這份工作消磨殆盡，也開始質疑自己原本的想法，並探究一開始接下這份工作的原因。

「對於任何含有照護性質的工作，我們都必須提出質疑，」作家哈里萊斯基寫道：「因為我們女人經常認為，如果自己沒能力無止盡地付出，就等同失職，是自私的爛人……來自失能環境而受照護工作吸引的人，特別容易落入這種身分認同的陷阱。事實上，即使你再擅長照顧別人，也可能會因為負擔過重而崩潰。」

我當時的情況就是那樣，雖然工作上表現非常出色，但終究不堪負荷。某次方舟幫我舉辦的慶生活動，是請社區成員描述我的才能，其中一個觀察入微的實習生寫的就是：「卡羅琳總是使命必達！」在這句話旁邊，他還用蠟筆畫了一個火柴人，是我從照護之家的烤箱裡拿出烤盤，臉上還帶著自制、能幹的微笑。那位實習生對我的瞭解一點也沒錯，雖然不知道這樣是好是壞，但我的確總會完成所有任務。不過，我有明智地選擇工作項目嗎？我有把時間花在熱愛的事物上嗎？

在我祖父和方舟的一位好朋友過世後，這些問題就一直在我腦海中縈繞。在哀悼他們的同時，我發覺自己也無處可躲，不能再逃避心裡真實的想法了。

那天早上，我帶著飽受折磨的心情吃早餐，同時一邊滑推特，接著看見我很喜歡的作家兼創業家愛希．安柏奇（Ash Ambirge）發布了這則推文：「你必須思考的問題只有一個：你想做什麼。」

我知道我想做什麼，從六歲時就知道了：我想當作家，想寫書。即使工作繁忙，我仍舊每天早上拿筆寫日記、晚上則在筆電上寫作。在強納森的支持下，我創立了部落格，專寫方舟的病友們教會我的事。為了傳達對威利的愛，我把部落格取名為《夢想成「澈」》（*A Wish Come Clear*），這是我跟他最愛玩的「故意說錯話」遊戲。在我讀到「諾瓦霍地毯的啟發」那天早上，一切都改變了；所以我期許部落格能像地毯上刻意留白的地方一樣，讓靈有流動的空間。此外，我也希望能培養出讀者群，進而成為有個人著作的作家。

這就是我想要的人生。「如果可以由我做主，」我這麼想：「我希望能把時間和心神投注在這件事情上。」所以在那個平凡的週二早晨，我擦乾眼淚，下了公車，決定要有所改變。

人生卡關，就是缺了那臨門一腳

不過，我必須從客觀的角度警告讀者：有時候，決定收回時間與精力，反而會讓生活變得更累。我決定要轉職後，就很努力地準備要成為自由撰稿人，並在幾個月後向方舟遞出辭呈。辛苦是有回報的，離開那裡的三個月後，我自由撰稿賺的錢，就已經多過擔任分部主任時的薪水了。除了替成人自閉症相關的線上雜誌撰寫每週專欄，有空時我也會接其他案子。

某天，我打完最新一篇文章的最後一個字，並把星巴克杯子裡的最後一滴咖啡清空，心裡想著：「好，專欄寫完，錢也賺到了。昨天剛訪問一位專家，今天就來編輯專題報導吧。」我從坐了兩小時的木製咖啡椅上起身，披上外套，縮起身子，準備要迎接戶外的寒冷。

一開始，我很開心能當個自由工作者，所以並不介意獨自待在狹小晦暗的家裡長時間工作，等著強納森在結束十二小時的工作後疲憊地回家。覺得孤單時，我就會獎勵自己，到星巴克找張桌子打字。其實對於才剛開始創業的我而言，光是一杯兩塊多美元的中杯飲料都很奢侈，不過我想出了一個把錢花得很值得的方法。星巴克有提供續杯服務，所以我會先在康乃狄克大道的那家店工作幾小時，然後再帶著空的咖啡杯到杜邦圓環的分店，用半塊錢的續杯價繼續喝，藉此在外頭多工作兩三個鐘頭。

不過某天，我在考慮要不要換到下一家星巴克時，突然開始質疑自己是不是真的該執行續杯計劃。我一整天都很累，晚上也睡不好，身上雖然沒冒出帶狀皰疹，卻感受到一股發病時才會有的疲憊，因此很害怕。我原本希望辭掉分部主任一職後，身體會健康一點，結果卻還是覺得很不舒服。我前一次去看醫生時，她說我是健康模範生，還誇獎我把身體照顧得非常好，但我離開診間時不禁在心裡自問：「我真的是健康寶寶嗎？那為什麼我週末都躺在床上？我到底有什麼毛病？」

其實，問題在於我沒能意識到身體有一種既奇妙又可怕的威力，會在靈魂被壓抑的情況下反撲。長期以來，我都把自己的身體逼得太緊，日子一久，身體就直接罷工抗議了。我是替自己找到了新的職涯方向，可是仍像以前一樣，在過度工作、過度負責的模式中掙扎。照護工作的確負擔很大，但更嚴苛的，或許是我對待自己的方式。

對於追求完美、習慣討好他人的你我而言，把該做的事給做好，是無須多言的標準。我們很容易把額外的工作往身上攬，一再答應新的要求，並努力投入每項任務。我們總是付出太多，好像每分每秒和每一絲精力都是欠他們的。為了要討好眾人，我們把照顧自己的責任晾在一旁，但犧牲太多次以後，生活開始分崩離析，最後心力交瘁，再也提不起精神。

不過，這些令人崩潰的時刻其實很珍貴，能讓你看清生命的真相，並察覺新的方向，接著你就能放下無謂的包袱，專注於真正重要的事。改變的過程會讓人覺得很難受，但事實上，這樣的體驗是很有意義的。有時候，生命就是必須變得艱難，才能讓我們醒來。

在我從星巴克走回家的那個冬日，我終於病到、累到願意傾聽另一種聲音了。我在後門刷門禁卡時，陣陣的冬季寒風朝我的背吹來，讓我開始做起白日夢，幻想能搬到比較溫暖的地方。強納森在搬回華盛頓特區前，在阿拉巴馬州西北部買了一間一九〇一年的老屋，平常是租給別人，他每兩年才會回去一次，進行維護和整修。前一年我跟他一起去時，就愛上了那個小鎮。當下，我聽見一個簡單的聲音在心中說道：「這可以變成我們的家，我們會在這裡快樂地生活。」

回想起那個聲音，我開始感覺到，搬到阿拉巴馬或許能讓我們夢想成真。我跟強納森都能放慢原本狂亂的腳步，從照護工作造成的過勞狀態中恢復。我們都想自己當老闆，想存錢、想養一隻貓（好啦，這是我個人的心願）。長久以來，我一直很抗拒搬離華盛頓特區，畢竟我們在這兒有朋友和歸屬感。但我和強納森確實都想要體驗不一樣的工作和生活，搬到阿拉巴馬州的話，應該有機會能實現願望。

你有過這種頓悟的時刻嗎？感覺就好像被雷打到一樣：「等等……如果我能做到這件事，其他夢想也就有機會成真了？」你有過這種經驗嗎：頑強地抗拒某個改變，結果卻發現它竟是最完美的出路？你是否曾領悟到，你一直抓著不肯放的事物，其實正是讓你停滯不前的阻礙？當時的感覺，你還記得嗎？

有時，你必須捨棄如心靈吸血鬼一般的朋友，有時你該訂機票到異國旅行，又或者穿上你深藏已久的紅色洋裝。這些翻轉性的決定有很大的力量，不過真要踏出第一步並不容易。收回自己的時間與精力，會顛覆你的生活模式，你必須捨棄原本的角色和習慣，所以難免會感到驚嚇、害怕。

有時候，人越是跟從內心深處的真實想法，就越會感到害怕，這跟前面章節談過的「界線」觀念很類似。無謂的罪惡感浮現時，正代表我們跨出自己的舒適圈；同理，某些恐懼感浮現時，也代表我們方向正確。不過，你該如何辨識以及確認，你當下感覺到的害怕其實具有正面意義？

針對這個議題，貝克在《擁抱幸福的十道心靈快樂餐》中提出的比喻與想像很有助益：「所謂正面的冒險舉動，就像是從很高的地方跳進清澈的池子；有害的冒險也像跳水，只不過是跳進充滿汙染的沼澤。」請別急著把恐懼推開，而是要專心地去感受害怕的感覺，當做冰淇淋來品嚐——看看是否有興奮、雀躍的味道？還是混雜著苦口的不安？

請用身體去體察害怕的感覺，不要用大腦分析，並仔細觀察：你考慮要把珍貴的時間與精力投注在某個用途時，身體是怎樣的感覺？還記得先前進行過的「冷熱感練習」嗎？（見第六章）體察恐懼也是一樣的道理。我們內心得到明確的答案後，自我批判與自我侷限的念頭若跟著浮現，那麼不妨趁這個機會質疑那些想法，實踐凱蒂的功課（見第三章），並練習原諒自己。

若想完整收回自己的時間與精力，另一個很有效的練習是回顧過去幾週或幾個月的行事曆，並進行分析。前哈佛大學教授塔爾．班夏哈（Tal Ben-Shahar）提供了很有效的分析架構，當中的第一個問題是：「如果你擁有美國國家金庫裡的所有黃金，你會想拿去換什麼？在生命中，有沒有什麼事能帶給你無比的快樂？」

班夏哈建議讀者，記下每天所做的事，並依據它們為生命帶來的意義與快樂來評分。他認為，大家應該要多從事能讓自己快樂的活動，並將得到的喜悅融入不那麼讓人開心的任務。

即使是在艱困的狀況下，你仍然可以決定要如何分派自己的時間與精力——這些都是無價的資產，你沒有義務分給任何人。你的首要任務就是提醒自己，你有選擇的權力，而不是想都不想，就認為自己無能為力。

消弭無謂的虧欠心理後，你就能避免陷入受害者心態以及連帶出現的陷阱。我必須重申，這並不代表人生會在彈指之間變得輕鬆簡單，事實上，生活反而暫時會變得更辛苦一點！但就心理層面而言，你的狀態會比從前更加強大。

有時，你暫時還無法脫離艱困的處境，必須要再忍受一段時間，才有能力去構築夢想中的未來；我在方舟擔任分部主任的最後半年就是這樣。不過，我並沒有覺得受困，反而還把那段日子視為創業的墊腳石。我也告訴自己，在第一次創業時還能保有正職工作，是很幸運的事。當中某些日子過得很漫長、很辛苦，但我可以感受到自己的進步，而不是在走一條永遠到不了終點的路。

如果你感覺到生命的能量逐漸流逝，那我建議你仔細體察恐懼，找到屬於你的阿拉巴馬，找到能讓你實現其他夢想的那個關鍵目標，然後使盡全力去追求，讓它實現。絕對不要妥協，不要以受害者的姿態面對生命。

告別全力為他人付出的日子

要搬家那天，我醒來後心想：「一切都要改變了。」在我頓悟後，我和強納森很快就達成了堅定的共識：要花幾個月的時間轉換、準備，然後就要搬到阿拉巴馬州，透過網路經營自己的事業。我們會全權安排自己的時間，慢下腳步，睡晚一點；會搬進需要大規模裝修的舊房子，但不必再繳華盛頓特區昂貴的房租——對我們來說，這樣的取捨非常值得。搬到生活費比較便宜的地方，能解決許多問題，特別是緩解經濟壓力，畢竟我尚在發展寫作事業的初期。我們能有更多時間與自由，從過去數年的壓力中恢復過來。

不過，在我們最後一次把華盛頓特區家中的東西整理裝箱時，平時看起來平凡無奇的物品，都突然有了情感價值。四周都是過往生活的遺物，我的老毛病又再度發作，又想要整理東西，要把已壞掉的老舊 Swiffer 拖把丟掉時，心中還浮現出一股莫名的哀傷。

強納森問我能不能丟時，我竟然猶豫了一會兒，畢竟那原本是我媽的拖把。當時我嘴上說：「怎麼可以把Swiffer丟掉呢？」心裡想的其實是：「我怎麼可以搬到離家人那麼遠的地方呢？」但我深吸了一口氣，提醒自己Swiffer並不是家人，然後就把拆解後的零件丟入回收桶了。

我和強納森也整理了滿是灰塵的文件和帳單，接著拿去回收；在一堆不要的東西裡，我們挖出了方舟以前用過的緊急電話充電器。那支電話第一次在家中響起時，我感到腎上腺素飆升，心想：「如果發生了什麼事故，我們一定得趕快去處理，我們就是方舟的騎士！」但興奮感退去後，留下的就只有如巨石般沉重的害怕。把充電器丟掉，也代表我們揮別了隨時都必須待命的生活。

把東西搬上貨車時，我看到我的速記員筆記本，雖然小小的，卻是我擔任分部主任時的資源寶庫，裡頭滿是潦草寫下的筆記和急切的代辦事項。筆記本的內頁是有點病懨懨、不新潮的綠色，棕色的封面則有兩張彩虹熊貼紙的活力點綴，是我陪某個核心成員去做年度健檢時，在診間的等候區拿的。那兩張貼紙一直陪伴我到最後，讓我記得這份工作還是有快樂的時刻。每次看到新進的照護員在獨力完成例行工作後感到興奮，或看到有身心障礙的成員達成目標，我總是非常開心。方舟是個充滿笑聲、趣味與歡樂的地方，我知道我永遠都會想念那兒的歸屬感。

「想離開而離開」，這並不是非黑即白那麼簡單。這個決定對我而言苦樂參半，但我內心深處知道，我非走不可，因為我已瞭解到我和強納森並沒有義務為他人付出所有的時間與精力，也決定要收回這些寶貴的資源，唯有離開，我們才能實際體現這份領悟。

搬家幾年之後，我以人生教練的身分和一位潛在客戶通電話。在那次的初步談話中，她一開口就說：「我覺得我沒資格跟妳說話。」（用這台詞開頭還滿特別的吧？）

她之所以會覺得不如人、受困而且害怕，是有原因的，不過為了保護她的隱私，我不會在書中討論，只能說她有一段很辛苦的過去。她的夢想是幫助別人，但卻連自己都幫不了，於是我鼓勵她在追尋夢想的路上向外求援，她也的確有拜託教會資助，但沒有收到對方的回音後，就不再去問了。我給了她一個挑戰，要她跟教會的聯絡人詢問後續狀況。我知道這對她來說很難，但有時候，要想下定決心、挽救人生，就是必須面對自己的恐懼。

她說：「不行，我沒辦法……太難受了。」還說她就是提不起意願為自己付出更多努力，所以一定要神介入幫忙才行。她想要改變，但還沒準備好要投入大量的時間與心力去實踐，也不願意冒險讓自己失望。

跟她聊過後，我寄了一份觀察筆記給她：

有鑑於妳過去的經驗，妳不願意尋求協助與支援，是很正常的。不過我必須提醒妳，除了好好休息、照顧自己之外，也要適時向外求助。

以妳目前的狀況來看，應該去詢問上次提出申請後的處理事宜。我知道妳很怕教會的人不支持你，但更重要的問題是：

- 妳願不願意支持自己？
- 妳願不願意忍耐不安的感受，去詢問聯絡人？
- 妳願不願意忍耐被拒絕的恐懼，去詢問聯絡人？

唯有妳想為了自己在乎的事而努力，這些問題才有意義。

我知道，妳很在乎教會的人怎麼看待妳的申請需求，也在乎他們是否願意伸出援手，但換個角度來看，這些其實都不重要，重要的是妳發出求助訊號。

我知道教會妳而言很重要，信仰也一樣。妳記得嗎？在《新約》裡，耶穌對於伸手求助的人，都是有求必應；有個已流血多年的女子，伸手碰了耶穌的袍子後馬上得醫治；還有一群人拆開屋頂，由此降下癱瘓的朋友，好讓他得到神的醫治。神確實能以神奇的方式助人……但前提是妳必須主動求援才行。

希望這些分享對妳有幫助。請記得，我會說這些，是出於愛與關懷，也希望妳起身前行。期待妳有所突破，但重點在於妳內心是否有意願。

我在打字的時候，突然驚覺我之所以認為自己有資格說這些，是因為我也問過相同的問題，冒過我要她冒的險。每次一發現當下的生活不再適合我時，我總會探尋開展新生活的契機。

我和強納森搬到阿拉巴馬州幾年後，我決定要放棄成功的專職作家身分，為的是要打造更成功的教練事業。如果當初沒有做出這個選擇，我根本就不會認識這位客戶。我之所以有機會跟她談話，是因為我伸手抓住了看似超出我能力範圍的夢想。誰都無法保證我可以走得平穩順暢，但我仍願意付出所有的時間與精力。

你不欠任何人，也沒有義務要對他人付出時間與心神，這是千真萬確的道理。這些寶貴的個人資源要用在何處，是非常重要的問題。過去的你一視同仁地對所有人盡心盡力，但現在，你可以利用眼下的機會，明智地決定要如何管理、善用這些資源。

請想想看：你欠你自己什麼？無論你的夢想是什麼，都一定得伸手去探尋、採取行動去實踐，否則人生的願望肯定無法成真。為了自己，你必須堅定。

不欠人練習

第九式：用肯定句來構築對未來的想望

我在進行教練工作時，會採納並結合靈性心理學的一些元素，以及我最喜歡的教練提供的洞見，像是貝克和黛波拉．赫薇茲（Deborah Hurwitz）等等。以下這項練習就是這樣發展出來的。

一開始，請選擇在生活中讓你覺得不甚滿意、希望能有所改善的面向，譬如住家、關係、工作、靈性或財務狀況等等。接著，寫下你希望它如何改變以及預期的感受，至少寫一段，但最好多寫一點。想像你有一支魔杖，一揮就能實現所有願望，那麼你會想看到怎樣的轉變？

這個挑戰實際做起來可不簡單！通常，我們能輕易點出自己的困境以及感覺不對勁的問題，但要說出理想狀況卻頗為困難。

我在跟教練課的潛在客戶談話時，通常會這樣引導他們：「你真正想要的是什麼？」許多人在回答這個問題時，都只能說出不想要的，譬如「我不想要工作這麼累」。這時我會委婉地導正他們：「好，那我知道了，你不想要這麼累，所以你想要的是什麼呢？你想得到怎樣的感覺？」

如果他們說不出來，我會從反面再問一次：「對你來說，累的相反感覺是什麼？」這時，客戶通常會用有朝氣的聲音說出：「有活力、有熱情、覺得興奮。」

如果你也一樣，常常說不出自己想要什麼，從反面想或許有幫助。

不要想一次改變人生的所有面向，一開始先挑一個面向，並寫下自己心目中的理想狀況，以免覺得目標太大、不知該如何下手。舉例而言，若你想改善睡眠、提升活力，那你希望達成目標後的自己是什麼狀態？

描述外在狀況時，請記得要以內在感受為根基。舉個簡單的例子：你想把嘎吱作響的沙發床換成舒適的雙人床，這個目標當然好，但為什麼要這麼做？你認為這個外在的改變會對你內在的情緒狀態有哪些影響？

除了寫下：「我想睡真正的床，不想再睡凹凸不平的沙發床了！」不妨延伸說明這個願望背後的動機：「我希望在雙人床上醒來時，覺得活力十足、精神飽滿，身心已獲得充分的休息。」

寫完一段後，從中挑出五到七句話，接著改寫為自我肯定的語句。根據以下句型說明你理想中的狀況：我……帶著某種感覺……在做某件事。

譬如：

我平靜地睡在舒服的新床上。

我每天晚上都充滿期待、愉快地躺到新床上睡覺。

我帶著感激的心情在新床上醒來，覺得精神充沛，並準備好要迎接新的一天。

此外，請避免使用「消除負面狀況」的說法，譬如「我不再失眠了」。改用比較正向的語言來描述自己的心願，像是「我每天晚上都能輕鬆入睡」，因為對人的心智而言，構思第二個情境比想像前者來得簡單許多。

完成這些句子以後，請在頁面最底部寫下「除此之外，還會有更棒的事發生，讓相關的所有人都得到最至高無上的禮物」。（我不知道這句話是誰想出來的，不過我一開始是在The Clearing聽到。）最後這句話預留了一些空間，能讓你保持開放的心，去迎接目前還無法想像的美好未來。

你可以用相同的程序來探究生命中的各個重要面向，從家庭到財務狀況都不例外，也可以寫下自我肯定的語句來概括說明，你希望自己在人生中體現怎樣的精神、獲得怎樣的體驗。在本文寫成時，我的自我肯定句是：「我是個堅強、有勇氣又美麗的女人，我全心全意地活，先愛自己，才去愛別人。」

在自我信念方面，先簡單叮嚀一下：你在發想自我肯定句時，會遭遇內心想法的強力反駁，像是「這一點都不實際！你之前不是試過，而且也失敗了。你根本就是個邊緣人！像你這麼弱的人哪有資格說這些……」。這樣的狀況我完全可以理解。我第一次跟自己說「先愛自己，才去愛別人」時，習於討好別人的那個我就完全崩潰了。有位我信任的諮商師建議我把這句話融入自我肯定的練習，但對我來說，這實在很困難。我很想拿回愛自己的自主權，但「先愛自己，才去愛別人」就好像碰不得的禁忌之言。現在再回頭看，我當時就是不敢放下「無我型給予者」的身分，明智地轉變成「利他型給予者」。

如果你也有這種感覺，請記得你並不孤單。不要和內心的抗拒感作對，只要觀察這些思緒，知道你的心只是想防止你改變，以為這樣能維護你的安全。請不要試圖擺脫這些念頭，反而要寫下來，透過凱蒂的「功課」或其他方式加以質疑。感到驚慌失措是很正常的反應，請對此做好心理準備，並秉持著這樣的認知，繼續描繪理想生活、寫下自我肯定的話語。請記得，你不一定現在就要貫徹實行；請允許自己誠實地寫下所有願望。你已花了那麼多年在壓抑自己的欲望，光是釋放出心裡真實的想法，就已經是大大地向前邁進了。

這項練習的最後一步，是以你覺得恰當的方式為想像注入能量。有些人會把寫下的筆記貼在家中常見的地方，有些人會大聲唸出自我肯定句，錄下來每天播放。用什麼方法都可以，但請不要只是機械式地重複，而是要全神貫注地去構築你所想像的畫面，並用心體會你想得到的感覺。這項練習的重點在於創造一個容器，把你想要的情感狀態裝在裡頭，當作禮物送給自己，以體驗夢想成真的感覺。

第10章

回應內心需求才是第一要務

我的人生故事，都是由旁人對我訴說而來。但他們的口吻強硬、蠻橫又絕對。但其實，我的聲音也可以跟他們一樣堅定有力，只是我從沒想過而已。

泰拉・維斯托（Tara Westover）

《垃圾場長大的自學人生》（*Educated*）

為了「維持」關係，而隱藏自己的想法與感受，這不是很奇怪的事嗎？我們在表達意願時，經常不夠坦承，會刻意隱瞞某些事情來避免衝突，並把虛假的自己端上檯面，導致無法跟所愛的人加深感情，因此難過不已。但這不是必然的嗎？大家根本不認識真正的我們，就某種程度而言，或許連我們都不認識自己——隱藏太久，所以也找不到自我了。用這種方式過活就好像刻意挨餓一樣，越不去體察真正的自己，真我就會變得越薄弱。

其實在內心深處，我們深知這個事實，但同時也在抗拒它，以努力維持虛假的友誼，試圖修補缺乏穩固基礎的關係。我們每天汲汲營營的事情，始終對人生沒幫助，在未來也不會有成功的可能。我們總認為自己做得還不夠，但說不定其實做太多才是問題所在？我們不應該再偽裝自己；其實我們不欠任何人，沒有義務回應他人的各種要求（至少不應虛情假意地接受）。當我們有這番體悟，人生會有何轉變呢？

耶穌曾問：「人若賺得全世界，卻賠上自己的靈魂，有什麼益處呢？」答案我想你已經知道了，因為你已親身實驗過，對吧？為了得到讚美、金錢、友誼或家人的認可而捨棄真正的自我，你真有感到喜悅嗎？

一點也沒有，你得到的，就只是欠缺靈魂的成就而已。

不過，當你開始誠實面對自己，就難免會被人排擠、厭惡。當你鼓起勇氣不再假裝，又一定會受到某些人抨擊。這時該怎麼辦？

這份擔憂會以許多形式出現，雖然情境不同，但根源都一樣。我們會害怕，如果按照自己的意願行事，結果反而更糟，那該怎麼辦呢？

比方說，有時我們客氣地拒絕不合理的請求，對方卻寫好幾封Email來羞辱。又或者說，我的文章登上知名新聞網站後，下方卻有人留言攻擊，把我這個人從思想到外表都罵過一輪。有時我們拒絕某個老朋友臨時的請託，結果對方卻因此跟我們斷交。

這些擔憂並非毫無道理。不管你再怎麼審慎行事、用溫和有禮的態度說話，並且識相地觀察現場狀況，你所害怕的事都會成真。事實上，前述所有例子都曾經發生在我身上。說得委婉一點，這是因為有些人不習慣聆聽或說出真實的想法，也有些人還沒準備好要接受真正的你。有些人想主動多瞭解你那當然好，彼此的關係會更加親密。但在你決定讓真實的自己發聲後，也有些人會被嚇到，甚至勃然大怒，把你羞辱到啞口無言。

這聽起來很殘酷，但就是事實。如果愛你的人認為你錯了、瘋了或很糟糕，那感覺肯定很難受。失去他們的認同，我們總會心痛，就算不是永遠，也會沮喪一陣子。但更讓人心痛、難熬的是，你一直都在否定自己。你深怕被別人拒絕，但其實先拒絕你的，反倒是你自己。

如果你不再拒絕自己，情況會有什麼改變？你從未替自己的靈魂注入養分，現在應該已經又累、又餓又渴了，既然如此，那倒不如試試別的方法。

若你能相信自己不欠任何人，也不急於回應他人的要求，生命想必會有所轉變。

這個新觀念難免令人退卻。但換個角度想想，你心裡明明不想，但卻一再答應別人，只會令你不斷累積憎恨，更加無法溫和、善良地待人。唯有擺脫他人的期望、卸下多餘的壓力與責任，內心才會感到自在而遼闊，也更能展現真正的大方與寬容。

告訴自己，你不欠任何人，也沒有義務回應他人，那你才能發自內心地付出心力。

接下來，你將能重新掌控自己的生命。在我很喜歡的一集Podcast中，作家貝羅伯（Rob Bell）描述了電影《火戰車》的場景，並引述了以下兩句台詞。在故事中，有人無預警地提議更換奧運選手，因而有了這段對話：

「這事要看委員會怎麼決定吧！」年紀較長的男子用惶恐的語氣說。

他旁邊的男子馬上回應：「我們就是委員會啊。」

說穿了，我們就是決策者，決定權就在我們手上，就在自己心裡，近在咫尺，並不在別的任何地方。貝羅伯秉持這樣的精神，問了一個發人深省的問題：「你是否經常在找自己已經擁有的東西呢？」

我們常會向外尋求指引、認同與許可，但其實早已擁有自己所需的一切。我們就是委員會。

不過，如果你面對的人，是你大半輩子與之牽連的權威者，那你的確會忘記自己其實握有主控權。

捍衛自己的立場，勇敢對話

嗶——嗶——嗶。我前一晚在匹茲堡飯店裡設的鬧鐘響起，讓我從熟睡中驚醒。我打了個寒顫，往鬆軟的棉被裡鑽得更深。「再五分鐘就好。」我伸出手，感覺到房間裡空調送出的低溫，在用力按掉響個不停的鬧鐘後，就馬上把手縮了回來。「再一下下就好，然後我就會起床準備，跟媽一起開車去會議中心……天啊，我今天要演講！」

接著，我就聽見媽媽呼叫的聲音蓋過冷氣的嗡嗡聲：「『諸天述說神的榮耀；穹蒼傳揚祂的手段……』」

「搞什麼……」我咕噥道，但音量小到她聽不見。我的頭仍埋在棉被裡，覺得待在裡頭比較安全，手腳則完全僵住，無法動彈。早餐都還沒吃，她就用那麼高的音量誦讀《詩篇》十九，這下我該如何是好？

「『他們日復一日地訴說，夜復一夜地傳播知識！』」

這時，陽光已溢滿整個房間，我也只好投降，伸伸懶腰後便起身坐在床上。

「妳在做什麼啊？」我聽起來像在求她，聲音裡有種絕望感。前一天，我跟媽媽輪流開家裡的廂型車，從紐澤西北部一路開到匹茲堡，車程長達六小時；再前一天，我人其實還在阿拉巴馬州，搭了一班車和兩班飛機後才抵達遠在北方的紐澤西（當時我跟強納森已結婚四年，不過每年我都會回紐澤西探望親友，他則留守家中）。今天，我則要在第四十四屆的美國自閉症協會（Autism Society of America）年度大會中主持一場講習，名為「身為病患手足的挑戰與喜悅」。當時是二〇一三年，在那之前，我從未在那麼大的場合演講過。

「小卡羅，早安！」媽媽用響亮的聲音打招呼，一面跳到我床邊，手裡拿著金邊的《聖經》。「今天是個美好的日子，適合用《詩篇》來讚美主。主真是太全能了！來，我唸給妳聽。」她往後翻了幾頁，準備再次朗讀。

「媽，拜託，我才剛起床，都還沒喝咖啡欸！」

「喔，」媽媽說：「好吧。」她轉身闔上《聖經》，滿腔的熱情隨之熄滅。

我用力嚥下口水，小心翼翼地說出接下來的這段話：「媽，我真的很感謝妳陪我來這趟，真的，只是我都還沒完全清醒過來，然後妳就……呃……開始朗讀《聖經》……」

「……讓我覺得妳很想控制我。」我心裡這麼想，但沒說出口。我本能地覺得，她會在一大早朗誦《聖經》，是因為我們前一天在車上聊到的話題。當時她問我平日有沒有讀經，而我則第一次壯起膽子，對她說出了真實的心聲：「妳這個問題讓我不太舒服，感覺妳好像要替我打靈修分數。妳看來很擔心，所以才需要我開口保證，自己有花時間安靜地跟神獨處。而我現在就可以告訴妳，我有。」

接著，我就跟她說起我培養靈性的方式，像是冥想、讀書、在熱天走入清涼的小溪等等。她沒說什麼，但我有感覺到這些出乎意料的答案讓她不太自在。

「好啦，我知道了，」媽媽說：「喝咖啡前我不會再唸《聖經》了。」

我鬆了一口氣：「我去準備一下，然後我們就可以去吃早餐了。」

到了會議中心後，媽媽微笑著跟大家握手，儼然就是支持孩子的模範母親。我演講得很順利，結束後她抱抱我，說以我為榮。我興高采烈，但同時也戒慎恐懼。一方面，我知道她說那些好話是真的想肯定我，但另一方面，卻也感覺到她很難一直維持那種開心、自豪的好心情。

當時我開始發現，每個人都有心靈作家蓋爾．亨崔克斯（Gay Hendricks）所說的「上限」，只容許自己享受一定程度的快樂與喜悅。我有注意到，媽媽在跟人產生緊密的連結後，總會用衝突來抵銷先前的美好時刻。而之所以會察覺到這個現象，是因為我自己也是如此，只不過我多半是在心中天人交戰，而她的衝突方式則比較外顯。當我覺得心情太過愉悅時，我總會用自我批判來破壞自己的好心情。

演講結束後，我們車子一開出匹茲堡後便開始下起傾盆大雨，路變得一片模糊，只看得到前方朦朧的煞車燈。我不喜歡在雨天開車，所以肩膀也緊繃了起來。「這趟路大概會很辛苦。」我暗自心想，結果媽媽好像聽出我的思緒，就選在這時說起了同性戀的罪惡。

「真的是很糟糕欸，」她面帶嫌惡的表情說：「電視上把同性戀的生活講既有趣又前衛，但這根本就違反神的旨意啊！」

我雙眼直視前方，一句話也沒說，希望她有察覺到我不想聊這個，但她並沒有改變話題。

「而且大家一直在那邊吵什麼同性婚姻——簡直就太荒唐了。婚姻本來就是一男一女的事啊，妳不覺得嗎？」她停頓了一下，撇過頭直視著我。

多年來，我都會小心翼翼地關掉家裡的「家庭至上協會」（Focus on the Family）的廣播節目，那是個反對同性婚姻的保守教會組織。而我不想在家中展開這個話題。我知道媽媽希望我說什麼，也記得教會長輩們的說法，但上大學後，我的觀點改變了。我有許多LGBTQ社群的朋友，也支持他們展現自己的本質、愛自己所愛的人。

不過，我還沒準備好要跟媽媽分享這個觀點——至少不想在大雨滂沱的外地高速公路上討論。我的肩膀抽動，手臂底層的皮膚也感到刺痛。「媽，可以不要現在說這個？我在開車耶，而且現在又下雨。」

但她不聽：「妳覺不覺得同性戀有罪？」

哎，還是走到這一步了，我握緊方向盤的手開始冒汗。我其實可以選擇不跟她聊這個，因為我沒有義務回應她，但我欠自己一個交代。我不由自主地想起在瓦薩的朋友，彷彿看見他們的臉龐，感覺他們好像跟我一起坐在車上，等著看我能否通過考驗。我必須說出真正的想法。

「坦白說，」我靜靜地回答：「我並不覺得他們有罪。」

「什麼叫做妳不覺得？」媽媽呼喊道：「卡羅琳！我實在無法相信！《聖經》明明就說那是有罪的啊！」

外頭五雷轟頂，彷彿在我的胃裡炸出一個洞。一道閃電掠過天際，以耀眼的弧形電流之姿，把高速公路照得明晃晃的。雨刷的咻咻聲很穩定，但我呼吸的節奏已經加快。我從小到大最怕的就是不被媽媽認可，此刻卻必須跟她正面交鋒。我往側邊瞥了一眼，看見她漲紅了臉，彷彿被打敗了，而且似乎還有一絲……恐懼？

我深吸了一口氣後這麼說：「我知道妳這麼認為，也知道有些人是用這種方式來解讀《聖經》的某些段落，不過其實還有別的詮釋方法。」

我知道講《聖經》以外的東西她聽不進去，所以就從經文說起，分享我從道爾和馬修・麥恩斯（Matthew Vines）等講者和作家身上學到什麼，並概述我為什麼覺得同性戀和信教這兩件事並不衝突。過程中，我全身一直冒汗，把上衣和外套都給浸濕了。媽媽好幾次都打斷我並提高音量，但她確實有聽我說，而我也盡了最大的努力聽她的說法。

聊了二十分鐘以後，雨勢已趨緩成濛濛細雨。我把雨刷調慢，思考我想說的最後一件事。

「妳知道嗎，」我說：「我覺得就算錯，也要錯得寬容，妳懂我意思嗎？同性戀有沒有罪？我跟妳看法完全不同，但我們應該都同意，這件事目前還沒有定論，畢竟古代的經文在今日應該怎麼解釋，還有討論空間。但不管怎麼樣，愛都是最偉大的誡命，對吧？即使錯，我也想要因愛而錯，所以我選擇支持那些想結婚的同志朋友。就算宇宙最後判我錯，至少我錯得很光榮，因為我的決定是出於愛的選擇，我覺得廣愛世人的神應該能諒解。畢竟我只是個人而已，換做是神的話，應該會比我寬厚、慈悲許多吧！」

車裡安靜了一下，我們倆都沒說話。我隱約聽見遠方傳來隆隆的雷聲，想起兒時信的那個神，只要有人膽敢不服，祂就會發怒摧毀違背教條之人。接著，我想起後來才開始相信的宇宙力量，那股一直陪伴在身邊，但從不對我批判的力量。

然後媽媽開口了，她輕輕地說：「我懂妳的意思。親愛的，我愛妳。」

「我也愛妳。」我說。我的喉嚨好像被勒住似的，發出的聲音很乾、很緊又嘶啞，但那是我真實的心聲。我伸手從座位中間的飲料架拿起水瓶，灌了一大口，然後用有些輕浮的語氣問：「好了，看在各種良善與神聖力量的份上，我們可以聊別的了嗎？我才剛在那麼大的場合發表演講，現在又在暴風雨中開車，然後我媽還想跟我辯論這種敏感的神學話題！我真的已經汗流浹背了欸！妳有發現嗎？」

我舉起手臂，讓媽媽看我西裝外套的兩側腋下都已濕了一大圈。

不知怎麼地，我們都笑了起來。車子在高速公路上朝家的方向奔馳時，灰暗的天空似乎也不那麼沉重了。

回顧待在教會的時光

之所以會有這場對話，是因為我在阿拉巴馬州有時間、也有空間可以思考，這兩者實在是最危險的組合了。生活變得比較寧靜，埋藏在心中已久的事實也開始浮現，其中之一就是：我每次想讀《聖經》、上教會時，都會感到一種劇烈的悲傷與憤怒。搬新家後，我去過幾個不同的聚會所，希望能找到新的歸屬地，但每一個都讓我有種熟悉的不祥感受，就好像小鳥準備要被關在籠子裡似的。

在這樣的情緒反應下，我第一次Google了WCG，並大量閱讀搜尋到的結果，還學到許多新的用語，像是靈性施虐、思想改造和邪教等等。讀完後，我才知道邪教的定義和特徵並不是非正統信仰，而是操控式的行為，以及充滿羞辱和控制的環境。

WCG不容許成員有任何異議。在我很小的時候，某個初次去我們教會的男子，在牧師布道時，問了一個關於週六安息日的問題。字句從他口中吐出的同時，我能感覺到其他信徒都倒抽了一口氣，畢竟這個人違反了不成文的禁忌。牧師的反應也一如預期，他有禮貌但堅定地否決了對方的問題，他並沒有回答，而那名男子當然也就沒再去過我們教會了。

在教會，我學會把問題藏在心裡，到了其他地方，也會隱藏自己真正的想法，就好像帶風向專家一樣，只挑好好的事來講，醜陋的細節則完全省略。人家問我WCG怎麼樣時，我總說：「的確是個有很多怪規則的詭異教會……不過我交到很多好朋友，還去蘇格蘭參加夏令營喔！」因為太常講這種片面之詞，最後連我自己都相信這就是我對WCG的所有感想了。

但在搬到阿拉巴馬以後的第一個夏天，我做了個夢，夢到自己走進一棟不熟悉的單層房屋，要找我放在那兒的行李。我想拿包包，但房子裡的東西卻不斷移動，一下移到這，一下又跑到那，就好像是房子在對我施展煤氣燈操控術一樣，刻意想讓我質疑自己的感官，覺得自己瘋了。「是不是我太神經質了呢？」我這麼想，但那間看似平凡的空屋卻激起了我內心深處的恐懼。我嚇得直接衝出大門，多數的行李都有沒拿。

那場惡夢讓我驚醒，不僅是睡眠中斷，心也醒過來了。我開始閱讀關於控制心理與邪教關係的書和文章，也看了獨立電影《收復天堂》（*Paradise Recovered*）。我潸然淚下，非常感激編劇兼製作人安蒂・羅德溫（Andie Redwine）把她在WCG的真實經驗改編得那麼美，讓人彷彿得到救贖。我找譚米深聊了兒時教會有哪些不健康的教條與做法，也和布魯克徹底談了我先前一直視而不見的虐行。

不過我開始跟其他朋友聊WCG的事以後，才發現並不是每個上教會的家庭都跟我家一樣。曼蒂說她曾問過她母親：「妳還記得教會以前教的那些事嗎？真的很古怪欸。」結果她媽媽說：「哦，我當然記得，但我並不是真的完全相信，我只是想跟朋友在一起而已！」

沒想到大家的經歷竟然是如此不同。對於WCG的規則和教條，艾娃和曼蒂的母親是以比較輕鬆的眼光看待，相較之下，我和譚米的媽媽則很嚴格，願意為教會奉獻一切。

我和朋友聊過，並比較大家不同的說法後，也開始向一位專業諮商師求助。一開始，這似乎是個禁忌，就我所知，家裡並沒有任何人找過諮商師，也沒有人提過。但在猶豫之際，我想起那天顫抖著從惡夢中醒來時，內在的智慧之聲曾這麼對我說：「親愛的，回到屋裡去，記得帶上妳信任的人一起。去把妳留在那兒的一切拿回來，那些是妳小時候被偷走的東西，應該是屬於妳的。所以，回到屋裡去拿回來吧。」

爸媽已盡了全力

現實生活不像童話故事般完美。讀者會以為，在那天車上的談話後，我跟媽媽的關係會煥然一新，就像受洗後的教徒重獲新生一樣；而我會替自己設下更穩固的界線，媽媽也會減輕她在宗教上對我的期待。但人生不是迪士尼電影，從匹茲堡回來不到一週後，媽媽又要我跟她去教會，而我則拒絕。她表示不滿，但這次我終於堅守自己的立場，沒有動搖。我不願去教會，於是兩人的衝突加劇。在我和她討論其中的緣由時，兩個人好像在雞同鴨講。

她讀完我做的WCG報告後，內心更加不滿，還以我小時候的作業為例，說我的記憶不可信：「妳老是喜歡編故事，情況明明沒那麼糟，卻被妳講得很誇張。妳在作業裡寫道，妳手斷了三天，我們才帶妳去看醫生。根本就不是那樣！」長久以來，她都把那件事當王牌，只要她一提起，我就不得不示弱，但這次，我仍繼續在網站上寫文章，相信我有權利說出自己的故事，而不是當成祕密藏在心裡。

不過，我心中有某個角落還是相信，只要用對說法，一定能化解衝突，所以某年聖誕節在公婆家時，我決定冒險打電話給媽媽，再跟她談一次我在教會的經歷。

「媽，我們都很愛、很疼惜威利，但跟他一起生活還是不容易。他有時會傷害自己，有時會傷害我們，而有時聰明又有趣。威利有他的優點與缺點，WCG也是這樣。」

講電話時，我在公婆家的車道上四處踱步，試圖保持平靜、穩定。「WCG不是完美的，有優點也有缺點，」我做出這個結論：「我得據實說出完整的故事，否則我會發瘋。我必須說出、寫出自己在家裡和教會的切身經歷。妳是成年人，教會對妳有很不一樣的意義，我尊重這點，但我寫的，就只是小時候參加教會的感覺而已。」

「哼，」媽媽怒沖沖地說：「妳爸說得沒錯，我給他看了妳的部落格，他說『教會帶給她的益處遠多於壞處』。我也是這麼認為。」

我在心中思量了一下：我認同這句話嗎？我得到的友誼能抵過WCG墨守成規的教條和壓迫嗎？真摯的友誼是否能抵銷教會的勒索和謊言呢？

「以最後的結果來說，確實沒錯，我得到的確實是比失去的多。」我緩緩地說，但在說出這句話的當下，我覺得這結論實在過於簡化、十分空洞。

「所以啊，」媽媽滿意地說：「妳看吧？神自有安排。」

她換了個話題，但我已經無法認真聽她在說什麼了。掛斷電話後，我心中留下一股劇烈到會痛的悲傷，抬頭從樹葉間的縫隙看天空時，頓時有一束午後陽光射在我臉上，就像爸和媽的話那樣刺痛著我。

那些話讓我好痛，因為他們把我失去的一切說得那麼微不足道，好像根本沒發生過似的。

爸爸和媽媽就是沒辦法從我的角度看待WCG以及周圍的一切，或許他們根本不覺得WCG是邪教。但我也可以不再期望他們同意我的看法。我只願去回顧他們現身支持我的那些時光；他們對兒女是如此慷慨，買書給我們、親手寫生日卡片、還送我去上芭蕾舞課。他們付出大量的時間與精力，但小時候我卻認為那些都是理所當然的。因此，我更應該記得他們已盡了全力。

改變一旦開始，就要學著被人討厭

在跟他人說話時，我們都有過這樣的經驗：無論再怎麼努力，都無法與他人建立更深層的連結。就算拿出最大的勇氣，說出心裡最真實的想法，可是對方卻仍聽不見你想傳達的訊息。我們分享自己的故事時，當然很希望自己所愛的人能聽見、能理解，但如果他們就是做不到，那該怎麼辦？

那種感覺很痛。所愛的人不願意或無法跟我們朝同樣的方向前進時，心裡就好像被螫到一樣。如果你的情緒狀態變得健康，但周遭親友卻不認為那是正向的改變，那種痛又會更折騰。

如果你也面臨這樣的處境，請記住以下這些要點。第一，人類本來就不太擅長適應改變，雖然隱約知道人生始終處於流動狀態，不過一旦有變局，情緒難免會有劇烈波動，尤其是意料之外的改變會成為心理上的痛點。請務必記得，即使你是朝著極為正面的方向改變，對你所愛的人而言，也一下子難以接受；他們很為你高興，但同時也很害怕。

就我的經驗來看，最好別把他們的反應視為人身攻擊，那心裡會舒坦許多。你可以想想，他們之所以感到恐懼，並不是因為你變得不一樣了，而是擔心之後會失去你。

遇到這種情況時，要對你自己的改變有信心，並向親友們保證，你的生活有變得更好，而他們對你而言依然很重要，你可以說：「我知道這是個很大的轉變，而我現在的狀態非常好。我愛你，也很重視我們的關係，希望我們的感情不會變淡，也期待你能參與我的新生活。」

這只是個例子，不一定對每個情境都管用（這我們稍後會再解釋），不過在多數狀況下，一點點的安撫就能帶來很大的功效。

最近，我的好友譚米在期盼許久後，終於實現了她所嚮往的改變，創立了新公司並交到許多新朋友。我很替她高興，畢竟我們是老朋友，但我仍有點恐懼、焦慮，甚至一度害怕自己會「跟不上」新的、進步中的她，也認為她不會想再繼續跟我當朋友。

幸運的是，我有發覺這都是出於我內心的不安，而不是譚米的問題。我開始自我審視，並沒有發動貝克所說的「變回原樣攻擊」，也就是用自以為不易察覺、但其實頗為明顯的手段讓對方變回原本的樣子。我花了些時間感受自己的心情，並實踐我在本書提出的療癒練習後，決定打電話告訴譚米我的感覺，而不再掩飾脆弱。

我大概是這麼說的：「我很愛妳，也以妳的改變為榮。我信任妳，所以決定要把我有點害怕的心情告訴你。一個星期前跟妳講電話時，我之所以那麼安靜，是因為我心裡還很掙扎。說這麼多，只是我不想讓妳以為我不認同妳的決定，我只是很害怕，妳的新生活中沒有空間再容納我們的友誼。

「我現在覺得自己又蠢又渺小，但還是必須坦白告訴妳，為什麼我這麼會害怕。我的恐懼從很久以前就存在了，妳沒有義務幫我解決問題或療傷，這是我自己的責任，而我也在努力了。不過與此同時，妳可不可以也跟我分享妳對這段友誼的感覺？這樣我才不會一直猜測妳怎麼想，越想越焦慮。」

譚米馬上就給了我保證，並分享她對我們友誼的真實感受。掛上電話時，我一點都不覺得跟譚米之間的距離有拉遠，反而覺得和她更近了。現在，我們的情誼比以往都來得更穩固。

是否要跟親友分享你的感覺，取決於你們之間的關係，但無論你是否決定要說出來，都請對感到害怕的那個自己抱持同理，請一定要溫柔、和緩地給予安撫和保證，而不是認為自己「很軟弱」。想像你是自己的家長，那你會說哪些安慰的話呢？譬如：「哎呀，親愛的！你這麼愛一個人，結果他卻變了，你會害怕是正常的！我知道你會經歷一些巨大的情緒波動，但這並不要緊，就算你很不安，我還是會一直在這裡陪你度過，我愛你。」

多多關懷自己，身邊的人也會比較安心——這份領悟會為你帶來很大的力量。其實身邊的人都能感覺到，你是對自己溫厚寬容，還是把自己批判得體無完膚。正如譚米所說：「對方越沒有安全感，我跟他在一起時就會很緊張。」

這個現象和另一個重點有關：親友對於你的決定所做出的反應，其實很少是和當下的情況有關，而是源自他們小時候的經驗。對許多人來說，害怕被丟下、跟不上別人的恐懼早在幼稚園時期就已存在。

我在The Clearing最敬仰的老師喬・庫澤（Joe Koelzer）說，如果你覺得某人的行為像個五歲小孩，那可能是因為，對方當時的心理狀態確實如此，或是有什麼事觸動了他們未癒合的傷痕，導致他們退化、激動或發脾氣，就好像回到兒童時期一樣。

當然，這並不能當成胡作非為的藉口，成人也不能因此就不為自己的行為負責。瞭解情緒崩潰的機制，就能以同理心面對他人的瘋狂行徑。

說了這麼多，但有時候，即使你已經盡了全力，說出真實的想法，並盡量讓親友安心，對方仍可能會有負面反應，並用批判、羞辱和責怪全面發動「變回原樣攻擊」，甚至施以肢體或情緒暴力。

這是很殘酷的事實：有些人就是不在乎怎樣對你最好，無論你付出多少的愛，他們都不願意或無法以尊敬的態度對待你。你永遠都不能理解他們的心態，但無論如何，你必須正視眼前的事實——這段關係會危及你的安全。對方也許會有所進步、會治好自己的傷口，但你不一定要陪他走過這一段。你可以祝福對方一切順利，然後遠離他一陣子。

你不欠任何人，沒有義務一定要跟誰相處，反之，他們也不欠你。這種關係是雙向的，一旦你獲得自由，他們也會得到解放。重點在於，有了這份自由後，你會做出怎樣的選擇？

舉例而言，你跟伴侶已陷入虐待性的關係，再繼續下去對彼此都沒好處，這時你會選擇放棄嗎？若你決定要繼續下去，那顯然就是缺乏自我關懷，況且讓對方為所欲為，其實也不是一種愛的表現。

在《內在連結》中，保羅分享了他自創的「我沒空」口訣，這是用來設下界線，避免對方一再欺負你。你可以跟對方說：「我沒空聽你責罵」、「我沒空被你批評」或「我沒空被吼」。劃定界線後，若對方依然故我，那你就可選擇離開。

如果你已困在失能的關係中許久，那麼對於你的改變，對方會給予負面回應。對方若能體諒並尊重你的界線，那當然是最好，但實際上，許多人都會以惡劣的行為突破你的新界線，測試你是不是真的有意保護自己。

在心理學上，這樣的行徑叫「消弱爆發」(Extinction Burst)；也就是說，在一段不健康的關係中，當某人開始有所轉變時，另一方會大驚小怪，感覺受到威脅，並用更強烈的手段維持舊有的互動模式。兩人的關係因此陷入混亂，而新的常態正在重新建立，這時你得更加堅守自己的新界線。父母要出門時，大多會請熟悉信任的保母來照顧孩子，這時孩子會大哭大鬧；父母只要用關愛的態度說再見，然後頭也不回地往門邊走，那麼大約九十秒後，小孩就會接受這個新常態，自顧自地去做別的事了。

話雖如此，很多消弱爆發的行徑很嚴重。因此，如果你判定，當你說出實情、設立界線後，將會遭受身體、心理、情緒或靈性方面的傷害，那麼請先暫停。信任直覺和內在的真實聲音。此外，千萬不要獨力處理；請尋求專業人士的協助，如諮商師、醫師、社工、律師、執法人員等等。要是你受到虐待，那麼就不用再跟對方大聲宣告新的界線，而是展開行動，藉由切斷關係、斷絕聯絡的方式來保護自己的安全。

我必須重申，這是很殘酷的事實，但我開始設立界線後，想起了大學室友說過的一句話（大四那年，某項實驗的結果跟她一開始的假設背道而馳）：「負面的結果也是結果，而且很有意義。」

換言之，無論結果如何，我們都能從中學到一些什麼。有人會發現，原來另一半願意尊重自己的界線，當然也會有抵死不從的人。不管怎麼樣，這樣的領悟是很珍貴的，即使最終我們可能會心碎。

值得慶幸的是，不管你所愛的人現在的心境是否健康，你都可以透過安全的方法化解彼此間的問題。面對面談話有時不是最理想的做法（有時現實條件也不允許），但你還是可以說出真實的心聲並學著自我療癒，按照自己的步調，找到你所需要的解方（我會在下面的練習詳細說明）。

就最深的層面而言，人類都是相互連結的，所以即使所愛的人在身體、心理或情緒上離你很遠，你還是可以和對方的意象溝通。只要心裡有愛，連結就不會斷。所愛之人暫時與自己疏遠，當然我們會感到傷痛，但我們的確有能力療癒自己。對於你自己和全人類而言，這都是充滿愛的表現。

不欠人練習

第十式：你欠自己一個回應

首先我要強調，這項練習跟追溯能量起源很類似，都會觸及到深層的情緒，在練習的過程中，各位可能會需要諮商師在一旁協助。你可能情緒會大幅波動，甚至出現痛苦的感受，所以一定要有專業人士在場。讀完以下的說明後，若覺得自己需要更多的支援，請務必要找人幫忙。希望各位在做好深度探索內心的準備後，再開始實行，太過著急，或把情緒逼到難以容受的極限，反而會造成不良的效果。

請各位用完形心理學的方法，「想像」你在跟所愛的人對話，並說出內心真正的感受。

找到一個安全又不受打擾的小空間（至少可以坐兩個人），把心沉靜下來。一開始，請比照之前的做法，專注於內心充滿愛的角落，並把療傷設為目標。做法很簡單，只要沉靜下來，回想能讓你感受到愛的人事物就行了，包括小孩、伴侶或寵物。無論你選擇何者，最重要的是要能讓你感覺到愛的流動。完成後，請設立正向的療癒目標。（我通常會說：「我的目標是達到最深層的自我療癒。」）

接著，請選擇一段你覺得很難面對的關係，無論對方是否在世都可以。幻想對方進入房間來跟你對談。等到你能完整想像或感覺到這個人坐在你對面，再開始說話。

不要擔心會得到怎樣的回應，只管毫無保留地說出真實的想法與心聲就對了；把你的感覺和念頭都告訴對方，無論講多久都沒關係。說完後，請坐到另一張椅子上，以對方的身分說話，針對你剛才提出的指控、質疑、憤怒和困惑給予回應。接著又換回原來的身分，繼續提問；在一來一往間，試著解決你們之間的問題。請仔細聆聽，對談過程應該會出現讓你訝異的內容。記得，過程中如果感到不知所措或無以為繼，隨時都可以暫停或終止練習，一切由你決定。

有時候，你會發覺對方配合的意願不夠強，導致你們無法進行有建設性的對談。這樣的體認會令人很難受，但也是很有價值的資訊。即使他處於難以溝通的狀態，你仍舊可以與他和解。無論對方對你抱持怎樣的看法，只要你瞭解這段關係的本質後，你就能放下，並祝他一切順利。

舉例來說，我在跟過往生命中的人進行「空椅」對談時，對方曾對我惡言相向。我一開始很震驚，但後來仍設法去回應：「我沒空聽這些。我愛你。長久以來，我對你的愛都沒有消減。現在的我也愛很自己，如果你要這樣對我說話，那我不願意跟你一起待在這個空間裡。除非你準備好以尊重的態度待我，否則我不會再跟你談。」對方這時會很不開心，所以又用更傷人的話語回擊。雖然實際上眼前沒有人，但這項練習很有效，讓我得以劃清界線，對他們說：「再見，祝你一切順利。」然後結束對話。

如果在對話過程中感到掙扎，或想要有額外的支持，不妨邀請未來的你也加入談話。比照前面的操作方式，幻想未來的你走入房間。他已達成了你設定的所有目標，因此容光煥發、身心健全，再也沒有任何糾結。（你可以稱他為「覺者」、「靈性使者」，只要你覺得恰當就好。）

想像他渴切地想幫助你，好讓你變得和他一樣。你可以把他當成你的盟友或擁護者。提出你想問的問題，然後仔細傾聽未來的你有什麼洞見，答案可能會讓你很驚訝！

結束對談後，謝謝對方前來跟你說話，如果未來的你也在一旁支持，也請一併感謝。對談結束後，請讚美自己的好表現。接著，深入探究在對話中浮現的投射、批判和侷限性思維，並原諒自己有這些想法。

結語

盡情獨舞

「我所尊崇的至上權威不是《聖經》。智慧不應侷限於書頁之中，畢竟人所寫的文字是死板板的。外在的資源有限，而我生命的至上權威，是我靈魂中的神聖之聲，就是這麼簡單。」

美國靈性作家蘇・蒙克・奇德（Sue Monk Kidd），
《唱反調的女兒之舞》（*The Dance of the Dissident Daughter*）

大家都聽過鳳凰浴火重生的神話故事，但你知道嗎？這隻具有象徵意義的不死鳥是自願被火紋身。換言之，牠並不是受他人所害，而是自願投入烈焰中，以求得徹底的轉變。牠搗毀舒適圈，把安居的巢和舊的自己燒得一點都不剩。

就抽象層面而言，你有做過這樣的選擇嗎？你是否曾為了嘗試新領域，而毀滅舊有的一切？如果有，那你肯定知道那過程就好像燒傷一樣，使人痛苦至極。

鳳凰之所以選擇忍受被火燒的痛苦，是因為不改變的話，生命會更加難熬。

我們都想在人生中做出正向改變，但又害怕實踐起來會很痛苦，這是很正常的。可是，在你因恐懼而觀望時，請記得：無論你是否決定採取行動，都要面對痛苦。這個強大的觀念，我是從生涯教練布魯克．卡斯提洛（Brooke Castillo）身上學到的。她認為，人在醒著的時候，有一半的時間都處於不自在的狀態；當中有些人是在增進能力、改變生命，但有些人則是自我侷限、逃避內心的想法。

兩條路都會使人痛苦，要因為什麼原因而痛，由你自己選擇。

提醒自己「你不欠任何人」，這樣你就會體認到：下一步要怎麼走，完全是你自己的選擇。你可以躲在安全的巢裡，一看到尖銳的乾柴就嚇得半死；又或者，你可以點燃它們，看看燃燒起來以後世界會是什麼模樣，而你是否在焰火中綻放光芒。

有時候，轉變是很突然、很徹底的。你一決定要改變，從前的你很快就會在大火中燒成灰燼。但一般而言，改變是始於日常片刻的小小火花，從生活中的小事綻放出來。譬如說，你可以更有活力地跟家人說早安，或是晚餐時分關心家人的心情。

我就是不想演

「榮恩叔叔，你可不可以幫我把這個吃完？」我六歲的姪女用星星和條紋圖樣的紙巾擦完臉，指向她保麗龍盤上最後一根沾滿醬汁的豬肋排。今天麥格勞家的二十五名成員齊聚一堂，享用美國國慶大餐，所以就算榮恩叔叔不幫忙，也一定會有其他人幫她吃。

我叉起一口米豆送入嘴裡，又喝了點冰開水。我從強納森家族在阿拉巴馬州的湖畔小屋裡望向窗外，看見滿載家人和親戚的摩托艇及水上摩托車在濕地疾速奔馳。我心想：「天啊，這頓飯趕快吃完，我實在沒辦法再應付大家一直問我為什麼不吃豬肉了。」

「當然囉，小美女！」榮恩叔叔笑著說。他拿起肋排，往我鼻子底下一揮（對，就是這樣故意），然後說：「嗯……很香吧？」

每年，他都會因為我不吃豬肉ＢＢＱ而開我玩笑。表面上是在胡鬧，但我卻能聽見他真正的意思：「哎呀，妳就別這麼固執了，跟大家一起吃豬肋排吧。」

「嗯……」我只能努力用輕快的語氣回應。麥格勞一家對我十分大方，我也想慷慨以待，可是跟十多個家族成員密切相處好幾天以後，就很難保持愉快的心情了。跟強納森結婚將近五年來，我已經解釋得很煩了。每次，我都必須禮貌地對大家說：「豬肋排看起來很好吃，你們好好享用！不過我小時候參加的教會嚴格禁止吃豬肉，所以我也就習慣不吃了。」

多數的親戚都只是點點頭就不再追問，但也有些人卻怎麼也不放過我。

那天傍晚的那根豬肋排，就是壓倒我的最後一根稻草。我亟需空間，決定自己去走走。出發時，酷熱的天氣已開始漸涼，我從車道走到外頭的大馬路上，經過狗很愛亂吠的那間房子，來到一小叢灌木旁——在那兒，我和強納森曾看到幾十隻螢火蟲在夜裡以相同的節奏發光。

不久前，諮商師給我一個挑戰，要我多注意並質疑自己那些「這事應該如何如何」的想法，而那天晚上，我有許多素材可想：「妳不是應該跟其他人待在一起嗎」、「妳為什麼一定要來散步」、「妳的飲食習慣為什麼非得跟別人不同」、「妳不是應該和大家一樣」、「妳到底有什麼毛病」。

我嘗試以旁觀者的角度觀察這些思緒，不讓自己陷進去。這並不容易，但觀照這些念頭以後，焦慮的原因就變得很明顯了。「難怪我不喜歡來湖邊度假，問題不是出在榮恩叔叔或任何人身上。真正的問題在於，我很喜歡拿別人的話來懲罰自己，讓我受苦的，其實是我自己。」

這份領悟的衝擊大到讓我腿軟跪地。我小心翼翼地坐回腳跟，挺身對抗腦海裡的惡霸。最後，我回答了她最堅持、最急切的問題：「妳為什麼就不能演一下呢？」

「因為我沒辦法，」我大聲地說：「我如果假裝，就不是真正的我了。」

就是這麼簡單。我這輩子從未如此果斷。

頭頂的天空劃過一道光，夕陽的粉與紅也變成藍紫色的黎明。殘餘的熱氣從柏油路散發，滲入我的短褲，使我雙腿發熱。我坐了一會兒，也說不清是十分鐘或永遠，就只是吸氣、呼氣，順服於當下，靜靜地坐著。

走回湖濱小屋時，我經過附近的牧地。一隻栗色的馬在鐵絲網旁等我，彷彿透過宇宙跟我有約。我走到網子旁，牠用鼻子摩我的手，接著又有三批馬陸續過來。突然之間，好多回憶湧上我的心頭：譚米把我裹在毯子裡、布魯克倒水給我喝、雷蒙發出呼嚕聲、強納森那天早上在方舟替我代班。我的神聖力量又出現了，原來它一直都陪在我身邊。

「謝謝你，親愛的馬兒，謝謝你。」這匹帕洛米諾馬站在我身旁好久，看我流淚。我一再向牠道謝；牠也用馬的方式給我擁抱，輕柔地吻我：有馬的味道，非常完美。

獨舞的時光

我和強納森回家一週後，他忙著整修家裡，我當然就趁這機會放了「芙蘿倫絲機進分子」（Florence and the Machine）的音樂，自己一個人大跳一場。放到〈盡情搖擺〉（Shake It Out）時，主唱芙蘿倫絲．韋爾奇（Florence Welch）獨特的嗓音揚起，嚇得我家的貓波特希衝了出去。牠聽到音樂時會怕，但我非播不可。

「抱歉啦，親愛的小貓咪，」我毫無悔悟之心地說：「星期二晚上就是應該盡情搖擺，而且芙蘿倫絲可是我的女神呢。」

我做出拿麥克風的手勢，在沙發、椅子和咖啡桌旁搖擺，從小時候學的花式溜冰動作一路跳到騷包的舞步，時而跳躍、轉圈，時而蹲低扭屁股。

芙蘿倫絲在接受訪談時說到，歌曲開頭的管風琴段落「既樂觀又悲傷」，我當下的情緒就是那樣。歌詞提到「無法把過去拋在腦後」，但這首鼓聲、鈴響與優美嗓音並進的歌曲，卻幫助我放下過去。關鍵在於，我並不是認為過去不再重要，而是因為過去已和現在的我共存，變成了我的一部分，未來也會繼續跟著我。即使很短暫，我仍有那麼一小段時間能完全忘卻過去、現在和未來的分野，就只是盡情跳舞而已。

跳著舞的我，體會到詩人魯米所說的「超越對錯的境地」。在那裡，人跟人之間沒有界線，就跟我小時候夢想的天堂一樣；在那裡，我可以問弟弟任何問題，也可以得到他內心想說的答案；在那裡，爸媽和威利都有屬於他們自己的故事和旅程，而我只是同行的夥伴，而且到最後，我們都互不相欠；在那個境地，是非對錯都不復存在，留下的只有對世人的愛。

人生的悲傷有時快要把人淹沒，但我在跳舞時，卻覺得自己能漂浮在暗黑的水面上。外頭的天色黑沉沉的，除了傲嬌的路燈偶爾閃爍外，就只有一片陰暗。有那麼一瞬間，我心裡閃過一個念頭，覺得外頭的人可以從二樓的窗戶看到我，但我並不擔心被看到。在音樂的陪伴下，除了在我體內四竄的狂野能量之外，我什麼都不在乎。

我扭腰擺臀地跳到內嵌式書櫃旁，輕撫幾本摯愛的書，用手觸碰書脊，最後停在我老舊的《聖經》上。自從二〇〇六年初的青年宣教會議起，那本《聖經》就跟著我，我已經帶在身邊八年，中間還搬了五次家。我們在會議上研讀的是《以弗所書》。《聖經》封面用華麗的草字寫著：「你的人生要配得上你接收到的呼召」。我的肩膀仍跟著音樂擺動，雙手則拿起《聖經》。書頁已翻軟，也因久放而發黃，薄薄的頁紙邊角更是又黑又髒。

從外人的角度看來，這本《聖經》應該常被翻閱，其主人一定愛不釋手，但事實上，我已經兩年沒有讀了。我有時會拿出來翻一翻，希望能找回從前看到熟悉經文時的安心感。但這時，心底遺留下來的專制之聲就會對我尖吼，讓《聖經》變得好像《哈利波特》裡會說話的魔法書一樣，然後我就會連忙把它放回書櫃。那天晚上，大聲播著芙蘿倫絲機進分子的我，覺得那本書拿起來好重，重得不得了，我好想丟掉，永遠不要再看到。「不如就撕成碎片吧？」我心想。

雖然有點猶豫，但我知道把舊《聖經》撕碎的渴望不是源自不敬或褻瀆之心；我只是想把內心的糾結全都拋下，盡情跳舞一番。

《聖經》再見

隔天是星期三，早上要把回收桶拿到人行道上。我小心翼翼地刻意走回書櫃旁，再次拿出《聖經》並重讀了封面上的引言。二十一歲時，「你的人生要配得上你接收到的呼召」這句話猶如當頭棒喝，讓我認為必須起身行動；但在二十九歲時，同一句話卻讓我心中充滿羞愧與痛苦。自身的缺陷與脆弱逼得我喘不過氣，我也知道自己在許多層面都沒能達到完美標準。但這時，我看到書上還用較小的字體印了下一句經文：「抱持全然的謙卑與溫柔，在愛裡以耐心與他人相互包容。」

讀到這句話以後，我開始好奇自己是不是還漏了其他字體較小的經文。或許人生有沒有價值，重點從來都不在於是否能完美無缺，而是能否保持愛和謙卑。

我想起之前在方舟跟我頗為要好的核心成員西奧。某天晚上，大家同桌吃飯時，哈利問他：「身為人，最重要的是什麼？」而西奧的回答就是：「謙遜。」

當時，我只覺得這答案聽起來很深奧，但哈利又再追問：「好，但是怎樣才算謙遜呢？」

「我也不知道，」西奧說：「但我覺得，不要害怕自己的缺陷……應該會有幫助。」

我看著《聖經》已開始斑駁的封面，思考著西奧的話。或許我該用耐心溫柔以待、在愛裡包容的對象，就是我自己。

懷抱這樣的精神，我拿起《聖經》和其他回收物，一起拿到人行道上。我走出門廊，把手上的那袋垃圾倒入髒汙的綠色桶子，而空氣很濕熱、厚重。前院的樹在我頭頂上形成綠意盎然的天幕，由於前一天下過雨，現在的顏色就像蠟筆一樣鮮綠。

我捏緊著《聖經》，然後用氣音說了聲「Namaste」——在梵文裡，這句話的意思是「用我內在的光，向你內在的光致敬」——接著就把它輕輕把書放入報紙、垃圾信、鋁罐和塑膠容器堆了。

我平靜而滿懷敬意地把桶子搬到路邊，好像在進行我自己發明的儀式一般。剎那間，我感受到一股如迷信般的恐懼：「要是我被天打雷劈怎麼辦？」但我心裡很清楚，其實神從未責怪過我，一直在懲罰我的，就只有我自己而已，而且我已經在慢慢放下這個習慣了。

對於兒時的我而言，夢想中的天堂是沒有隔閡的地方，在那兒，我可以問弟弟任何問題，也可以得到他真切、完整的答案。這是我發自內心的想法，不是從外人那邊聽來的；而決定要捨棄《聖經》，也是因為我選擇相信自己的內在聲音。我站在路邊，低聲唸道：「用愛展現信念，是唯一重要的事。」在剛丟掉的那本書裡，這是我最喜歡的經文。

當下我選擇相信這幾件事：我的缺陷與失敗並沒有什麼大不了，我不欠任何人，而且我是自由的。

要做出這樣的選擇前，必須先耐心練習；人都需要時間才能適應自由。我可以很肯定地告訴各位，我目前也還在持續努力中。若要說我有什麼體悟，那就是：每個人都可以在此時、此地馬上開始練習。「當下」就是開始行動的最佳時機，而「現在」就是你這輩子點點滴滴所累積起來的。

至今的一切為什麼會發生，我們無從得知：為什麼要受這麼多傷害，吃這麼多苦？又為什麼悲慘的事不斷上演？對於這些問題，我個人無法接受一言以蔽之的簡略答案或安慰的保證，也無法理解為什麼會有人想粉飾太平、迴避人生的悲傷與痛苦。

現在的我已有這番體悟：若我在人生路上轉了不同的彎，那麼肯定不會是現在的模樣；若我在途中跳過某段路沒走，那現在我也不會在這裡跟各位分享心得。和你們在生命的旅途中相陪相伴，這樣的機會我無論如何都不願意放棄，就算能贏得全世界也一樣。

凱蒂說得很有道理：「我們不可能比神更全知，不可能知道生命的路該怎麼走才是最好；但我知道，我所走的路，對我來說就是最好的路。」

這份領悟能帶你通往自由的大道。記住，你走的是最適合你自己的路，跟他人無關，也沒有誰的人生跟你一樣。現下的一切都仍在發生、變動，一切都尚未完結，所以何必想著要符合固定不變的完美標準呢？

丟掉《聖經》的幾小時後，我從圖書館回家，發現回收桶已清空，從前既撫慰又折磨著我的《聖經》也不見了。我輕快地跳到信箱旁，心裡想著新客戶的支票今天會不會送到？十五號之前應該要收到才對，今天是……

我把運動手錶轉到眼前，看見上頭顯示的數字，二〇一四年七月十六日。「我．的．

天．啊！」我大喊——我竟然在完全沒有意識到的情況下，在受洗十四週年的當天把《聖經》給丟了。

但這絕不代表我的信仰之旅就此結束，反而讓我再次有機會焚燒過去的自己，看看我浴火重生以後，會是什麼模樣；也讓我再一次有機會相信內在之聲對我許下的承諾：親愛的，妳的生命肯定會很美好。

不欠人練習

終極大絕招：盡情跳舞

獨處時，放出會讓你起雞皮疙瘩、感到充滿生命力的歌；調高音量，自在地擺動身體。在這個當下，請放下令你感覺沉重、充滿拘束的事物，釋放出輕快、自由又充滿恩典的靈魂。讓自己完全解放，讓身體帶你跳舞，順應眼下的每一個片刻。我不欠任何人。你不欠任何人。這就是真正的恩典。

致謝

我一直很喜歡德國神學家埃克哈特大師（Meister Eckhart）的這句話：「即使你這一輩子唯一會說的禱告話語是『謝謝』，那其實也就夠了。」秉持這樣的精神，我想感謝出現在這本書裡的每一個人，對於你們教我的一切，我感激不盡。

感謝「夢想成『澈』」（A Wish Come Clear）網站的所有讀者，能對你們說話、為你們而寫，是我的榮幸。（我寫的內容一點都不客觀，但能和各位在網路上共享一個小小角落，是非常特別的緣分。）

謝謝我私人教練課的所有客戶，能在你們的旅程中給予支持，讓我充滿喜悅。

謝謝經紀人安琪拉・謝夫（Angela Sceff）替這本書找到一個家，並在我顛簸起伏的寫作過程中一路相挺，能和你這麼志趣相投的人共事，我真的很幸運；也謝謝克里斯多夫弗洛比公司（Christopher Ferebee Agency）團隊的所有努力。

謝謝編輯莉兒・科潘（Lil Copan）願意給我和我的稿子機會。你修改的內容珍貴無比，感謝你和寬頁圖書（Broadleaf Books）的所有成員。

謝謝愛迪·席爾曼（Addie Zierman）在這本書還是回憶錄時，就讀了初期草稿並替我編輯。你為我帶來了莫大的幫助——還有那本《克莉絲蒂·米勒》筆記本，簡直是無價。

謝謝貝羅伯指出，我其實比自己想像中的還叛逆，這本書也比我以為的更具顛覆性，你說的沒錯。

謝謝丈夫強納森為我付出那麼多，讓我一圓當作家的夢（就連超棒的書名也是你貢獻的）。有你在身邊以後，我才發現生命中的一切原來真的都是禮物。話雖如此，要為你吃下《安迪·格里菲斯秀》（*The Andy Griffith Show*）裡的那種醃黃瓜可能還是有點困難，不過為了你，我什麼都願意嘗試。我愛你，直到永遠。

謝謝各個年紀的我那麼純粹地存在，我愛你們，你們真實的模樣就是最美好的樣子。

謝謝布魯克：這本書和我的人生都因為妳而變得十分美好。妳就是我的貴人，知道嗎？別大驚小怪。總之，愛妳，愛妳，愛妳，超級愛妳。（對了，最後的結果很不錯吧！）

謝謝譚米：妳就是我的蜂蜜穀片！謝謝妳在我平凡又不凡的生命中，和我共度每一次的冒險——應該知道我是在引用電影《真愛每一天》（*About Time*）吧。妳是風暴，也是陰霾中的一線光明，我愛妳就像我愛紅色的M&M巧克力那麼多。

謝謝爸媽、威利和費雪、馬林及麥格勞大家族的所有成員，感謝你們的愛與慷慨的支持。

謝謝英國SEK社群、瓦薩學院的大家、方舟的GWDC社群和The Clearing的所有人，尤其是喬和貝特西・庫澤（Betsy Koelzer）、史考克・艾爾帕（Scott Alpert）和二〇一六年八月的同梯，此外，還有在阿拉巴馬州這個小鎮和我有默契、有共鳴的每一個人。

參考資料

作者心懷感激地向以下條目中的所有大師致謝。

前言

- 菲利浦・普曼的寫作見解取自於 https://www.goodreads.com/quotes/10111-we-don-t-need-a-list-of-rights-and-wrongs-tables

第一章

- 「人生學校」的文章請參閱 https://www.theschooloflife.com/article/the-dangers-of-the-good-child/
- 安・拉莫特，《寫作課：一隻鳥接著一隻鳥寫就對了！》（Lamott, Anne. *Bird by Bird*. New York: Anchor, 1995.）
- 瑪麗・奧利弗的詩作〈野雁〉（Wild Geese），收錄在Oliver, Mary. *Dream Work*. Boston: Atlantic Monthly Press, 1986.
- 我最初是二〇一六年八月在The Clearing學到換手寫字練習。該項課程是由庫澤夫婦和艾爾帕所設立，他們參考的是胡爾尼克夫婦在聖塔莫尼卡大學開設的靈性心理學課程。詳情請參考http://www.theclearingnw.com。

第二章

- 珍奈・溫特森，《正常就好，何必快樂？》（Winterson, Jeanete. *Why Be Happy When You Could Be Normal?* New York: Grove Press, 2013.）
- 凱薩琳・諾斯，《神聖異教徒》（North, Katherine. *Holy Heathen.* Portland: Declare Dominion, 2020.）
- 瑪莎・貝克，《遠離諸聖》（Beck, Martha. *Leaving the Saints.* New York: Broadway Books, 2006.）
- 嘉柏・麥特，《當身體說不的時候》（Maté, Gabor. When the Body Says No. Hoboken: Wiley, 2011.）
- 茱莉亞・卡麥隆，（Julia Cameron）《創作，是心靈療癒的旅程》（Cameron, Julia. *The Artist's Way.* New York: Tarcher, 1992.）

第三章

- 拉莫特在臉書上的貼文詳見，https://www.facebook.com/AnneLamott/posts/

theres-a-whole-chapter-on-perfectionism-in-bird-by-bird-because-it-is-the-great-/485327514930230/

- 包溫的家庭系統系論請見https://thebowencenter.org/theory/.
- 瓦樂莉・萊恩，《父權下的壓力症候群》（Rein, Valerie. *Patriarchy Stress Disorder*. Austin: Lioncrest, 2019.）
- 約翰・葛林，《生命中的美好缺憾》（Green, John. *The Fault in Our Stars*. New York: Penguin, 2014.）
- 我最初是二〇一六年八月在The Clearing學到投射練習。該項課程是由庫澤夫婦和艾爾帕所設立，他們參考的是胡爾尼克夫婦在聖塔莫尼卡大學開設的靈性心理學課程。詳情請參考http://www.theclearingnw.com。

第四章

- 茱蒂・皮考特，《姊姊的守護者》（Picoult, Jody. *My Sister's Keeper*. New York: Atria, 2004.）
- 格倫儂・道爾，《我，不馴服》（Doyle, Glennon. *Untamed*. New York: Dial Press, 2020.）
- 瑪莎・貝克，《擁抱幸福的十道心靈快樂餐》（Beck, Martha. *The Joy Diet*. New York: Harmony, 2003.）

第五章

- 伊莉莎白・吉兒伯特的臉書貼文請見https://www.facebook.com/GilbertLiz/photos/forgiveness-continueddear-ones-thank-you-so-much-for-everything-youre-sharing-th/743897142359070/
- 茱莉・巴頓，《狗狗良方》（Barton, Julie. *Dog Medicine*. New York: Penguin, 2016.）
- 克莉絲特・娜妮，《靈療日記》（Nani, Christel. *Diary of a Medical Intuitive*. Cayucos: L. M. Press, 2004.）
- 我最初是二〇一六年八月在The Clearing學到自我原諒練習。該項課程是由庫澤夫婦和艾爾帕所設立，他們參考的是胡爾尼克夫婦在聖塔莫尼卡大學開設的靈性心理學課程。詳情請參考http://www.theclearingnw.com。

第六章

- 馬克・尼波，《每一天的覺醒》（Nepo, Mark. The Book of Awakening. Newburyport: Red Wheel, 2000.）
- 麥德琳・蘭歌，《沉靜循環》（L'Engle, Madeleine. *A Circle of Quiet*. New York: HarperOne, 1984.）

- 海瑟．哈里萊斯基，〈波莉的煩惱：對方是愛我還是想傷害我？〉（Havrilesky, Heather. "Ask Polly: Is He in Love with Me, or Has He Broken Me?" The Cut, October 12, 2016. Accessed August 18, 2020. https://tinyurl.com/y297rnkg.）
- 瑪格麗特．保羅，《內在連結》（Paul, Margaret. *Inner Bonding*. New York: HarperOne, 1992.）
- 阿約德吉．阿沃西卡，《真正的幫助》（Awosika, Ayodeji. *Real Help*. Kindle edition. Independently published,December 2019.）
- 彼得．沃克，《如果不能怪罪你，我要如何原諒你？》（Walker, Pete. The Tao of Fully Feeling. Berkeley: Azure Coyote, 2015.）
- 羅蘋．史騰，《我以為都是我的錯：那些在親密關係中無所不在的情感操縱》（Stern, Robin. The Gaslight Effect. New York: Harmony, 2007.）

第七章

- 約翰．費爾曼及安．吉拉，《原始傷痕》（Firman, John, and Ann Gila. *The Primal Wound*. Albany: State University of New York Press, 1997.）
- 德瑞克．席佛斯，〈不再說「好吧」，明確地說是或不〉（Sivers, Derek. "No 'Yes.' Either

'HELL YEAH!' or 'No.'" Sivers .org, August 26, 2009. Accessed January 30, 2020. https:// sivers .org/ hellyeah.）

- 布芮尼・布朗，《勇氣的力量》（Brown, Brené. *Rising Strong*. Reprint edition. New York: Random House,2017.）
- 亞當・格蘭特，《給予：華頓商學院最啟發人心的一堂課》（Grant, Adam. *Give and Take*. Reprint edition. New York: Penguin Books, 2014.）
- 我最初是二〇一六年八月在The Clearing學到回溯能量起源練習。該項課程是由庫澤夫婦和艾爾帕所設立，他們參考的是胡爾尼克夫婦在聖塔莫尼卡大學開設的靈性心理學課程。詳情請參考http://www.theclearingnw.com。

第八章

- 理查・羅爾，《徹底的寬容：每日冥想》（Rohr, Richard. *Radical Grace: Daily Meditations*. Cincinnati: St. Anthony Messenger Press, 1995.）
- 憂鬱症患者的語言模式，詳見Smirnova, Daria, et al. "Language Patterns Discriminate Mild Depression from Normal Sadness and Euthymic State." *Frontiers in Psychiatry* 9,no. 105 (April 10, 2018). https:// doi .org/ 10 .3389/ fpsyt .2018 .00105.

- 賈伯斯的畢業典禮演說，詳見"'You've Got to Find What You Love,' Jobs Says." Stanford News, June 14, 2005. Accessed August 25, 2020. https://news.stanford.edu/2005/06/14/jobs-061505/.

第九章

- 雪兒・史翠德，《暗黑中，望見最美麗的小事》（Strayed, Cheryl. *Tiny Beautiful Things*. New York: Vintage, 2012.）
- 塔爾・班夏哈，〈在生活中創造小確幸的四種方法〉（Ben-Shahar, Tal. "4 Ways to Create Small Moments of Happiness In Your Life." *Thrive Global*, February 10, 2019. Accessed December 29, 2020. https:// tinyurl .com/ ydyzg27v.）
- 我最初是二〇一六年八月在The Clearing學到理想狀況／自我肯定練習。該項課程是由庫澤夫婦和艾爾帕所設立，他們參考的是胡爾尼克夫婦在聖塔莫尼卡大學開設的靈性心理學課程。詳情請參考http://www.theclearingnw.com。

第十章

- 泰拉・維斯托，《垃圾場長大的自學人生》（Westover, Tara. Educated. New York: Random House, 2018.）

- 蓋爾・亨崔克斯，《生命的大躍進》（Hendricks, Gay. *The Big Leap*. New York: HarperOne, 2010.）
- 我最初是二〇一六年八月在The Clearing學到完形心理學。該項課程是由庫澤夫婦和艾爾帕所設立，他們參考的是胡爾尼克夫婦在聖塔莫尼卡大學開設的靈性心理學課程。詳情請參考http://www.theclearingnw.com。

結語

- 蘇・蒙克・奇德，《唱反調的女兒之舞》（Kidd, Sue Monk. *The Dance of the Dissident Daughter*. Revised edition.New York: HarperOne, 2016.）

人生顧問 471

你不欠任何人：放下羞愧感與完美主義的十二個練習與人生故事

You Don't Owe Anyone: Free Yourself from the Weight of Expectations

作　者—卡羅琳・嘉納・麥格勞（Caroline Garnet McGraw）
譯　者—戴榕儀
責任編輯—許越智
責任企畫—張瑋之
封面設計—陳文德
內文排版—張瑜卿
編輯總監—蘇清霖
董事長—趙政岷
出版者—時報文化出版企業股份有限公司
一〇八〇一九臺北市和平西路三段二四〇號四樓
發行專線／（〇二）二三〇六—六八四二
讀者服務專線／〇八〇〇—二三一—七〇五、（〇二）二三〇四—七一〇三
讀者服務傳真／（〇二）二三〇四—六八五八
郵撥／一九三四四七二四時報文化出版公司
信箱／一〇八九九臺北華江橋郵局第九九信箱
時報悅讀網—www.readingtimes.com.tw
法律顧問—理律法律事務所　陳長文律師、李念祖律師
印　刷—紘億印刷有限公司
初版一刷—二〇二二年十二月二十三日
初版二刷—二〇二三年三月三日
定　價—新台幣三六〇元

時報文化出版公司成立於一九七五年，並於一九九九年股票上櫃公開發行，
於二〇〇八年脫離中時集團非屬旺中，以「尊重智慧與創意的文化事業」為信念。

你不欠任何人：放下羞愧感與完美主義的十二個練習與人生故事／
卡羅琳・嘉納・麥格勞（Caroline Garnet McGraw）著；戴榕儀譯
--- 初版 --- 臺北市：時報文化出版企業股份有限公司，2022.12
面；14.8×21 公分. ---（人生顧問）
譯自：You Don't Owe Anyone : Free Yourself From the Weight of Expectations.
ISBN 978-626-353-251-9（平裝）
1.CST: 自我肯定（Adler, Alfred, 1870-1937）　2.CST: 人格特質　3.CST: 完美主義
177.2　　111019759

ISBN 978-626-353-251-9　Printed in Taiwan